Weitere Bände siehe
www.springer.com/series/1183

Anne Prenzler

J.-Matthias Graf von der Schulenburg

Jan Zeidler

Übungen zu Public Health und Gesundheitsökonomie

 Springer

Dr. Anne Prenzler
Prof. Dr. J.-Matthias Graf von der Schulenburg
Dipl.-Ök. Jan Zeidler
Gottfried Wilhelm Leibniz Universität Hannover
Wirtschaftswissenschaftliche Fakultät
Forschungsstelle für Gesundheitsökonomie
Institut für Versicherungsbetriebslehre
Königsworther Platz 1
30167 Hannover
Deutschland
ap@ivbl.uni-hannover.de
jms@ivbl.uni-hannover.de
jz@ivbl.uni-hannover.de

ISSN 0937-7433
ISBN 978-3-642-13504-0   e-ISBN 978-3-642-13505-7
DOI 10.1007/978-3-642-13505-7
Springer Heidelberg Dordrecht London New York

Die Deutsche Nationalbibliothek verzeichnet diese Publikation in der Deutschen Nationalbibliografie; detaillierte bibliografische Daten sind im Internet über http://dnb.d-nb.de abrufbar.

Vorwort

Liebe Leserinnen und Leser,

die Erfahrung zeigt, dass mit einem theoretischen Verständnis von Public Health und Gesundheitsökonomie nicht automatisch die Fähigkeit verbunden ist, konkrete Aufgabenstellungen aus diesem Bereich zu bearbeiten. Wir erleben jeden Tag in der Lehre, dass die Inhalte unserer Lehrveranstaltungen von den Studierenden anders verstanden werden und sich die berühmte Kluft zwischen Theorie und Praxis dabei immer wieder auftut. Woran mag das liegen? Erstens gibt es ein Kommunikationsproblem zwischen Lehrenden, Lehrbüchern und Lernenden. Zweitens bestehen vielschichtige Probleme des Wissenstransfers zwischen denen, die forschen und denen, die Methoden anwenden. Ein probates Mittel beide Probleme zu mindern ist miteinander zu kommunizieren und Wissen auszutauschen. Dieses gelingt am besten an konkreten Beispielen und Aufgabestellungen.

Um die beschriebene Kluft zu schließen und Konzepte, mit denen sich Gesundheitsökonomen und Gesundheitswissenschaftler täglich beschäftigen anhand von praxisnahen Beispielen zu vermitteln, bietet das vorliegende Werk erstmalig vielfältige Übungsaufgaben zu Public Health und der Gesundheitsökonomie. Die Rechenaufgaben ermöglichen es dem Studierenden und interessierten Leser, sein vorhandenes Wissen anzuwenden und zu hinterfragen sowie Lernkontexte zu überprüfen.

Geeignet ist dieses Übungsbuch besonders für Public-Health-Studiengänge und gesundheitsökonomische Lehrveranstaltungen an wirtschaftswissenschaftlichen und medizinischen Fakultäten von Universitäten und Fachhochschulen. Dabei sind die Aufgaben so gewählt, dass sie das breite Feld der Themen abdecken, die diese spannenden Studiengänge im Wesentlichen ausmachen: Epidemiologie, Statistik und Gesundheitsökonomie. Im Rahmen dieses Übungsbuches werden zunächst Rechenaufgaben zu den Maßzahlen in der Epidemiologie präsentiert. Dazu gehören einfache Größen wie Inzidenz und Prävalenz, aber vor allem auch Gütekriterien von epidemiologischen Tests (insbesondere Sensitivität und Spezifität) und Maße zur Risikoabschätzung, wobei das relative Risiko sowie das Odds Ratio eine der wichtigsten Größen darstellen. Das zweite Themengebiet bietet einen umfassenden Einblick in die statistischen Methoden, welche für Public Health von besonderer Relevanz sind. Dabei wird der Schwerpunkt in diesem Kapitel insbesondere auf die Methoden der Wahrscheinlichkeitsrechnung gelegt, wobei durch wichtige Theoreme wie dem Satz von Bayes eine Verbindung zum ersten Kapitel hergestellt wird. Zudem werden Aufgaben zur deskriptiven und induktiven Statistik gestellt und deren Relevanz für die Gesundheitswissenschaften und -ökonomie verdeutlicht. Im Mittelpunkt des dritten Kapitels stehen Aufgaben, die speziell für gesundheitsökonomische Fragestellungen von besonderer Bedeutung sind. Dazu gehören insbesondere Beispiele, in denen Kosten- und Nutzenparameter berechnet sowie die inkrementelle Kosteneffektivität kalkuliert werden. Ein Schwerpunkt wird dabei auf die Erstellung von Entscheidungsbäumen und Markov-Modellen gelegt, wobei zum Lösen der Aufgaben epidemiologische Erkenntnisse erforderlich sind und damit wiederum eine Verbindung zum ersten Kapitel hergestellt wird.

Zu allen Aufgaben in diesem Buch werden umfangreiche Lösungen mit Zwischenschritten präsentiert. Nach dem Motto „Viele Wege führen nach Rom" stellt der jeweilige Lösungshergang natürlich häufig nur einen von vielen möglichen dar. Wir haben jeweils den Weg ausgewählt, den wir für am sinnvollsten und verständlichsten erachten.

An dieser Stelle soll noch ein wichtiger Hinweis gegeben werden: die in diesem Übungsbuch verwendeten Beispiele sind hypothetische Aufgabenstellungen und beruhen (meist) nicht auf reellem Zahlenmaterial. Sie verdeutlichen jedoch die Grundsystematik der Kalkulationsmethoden und sind so konzipiert, dass sie aus didaktischer Sicht zu aussagekräftigen Ergebnissen führen. Dabei sind alle Rechenaufgaben so konzipiert, dass sie mithilfe eines nicht-programmierbaren Taschenrechners gelöst werden können.

Natürlich sollte ein Übungsbuch immer in Verbindung mit Lehrbüchern verwendet werden. Erwähnen möchten wir in diesem Kontext vor allem folgende Werke: Das Public Health Buch (Friedrich Wilhelm Schwarz, Bernhard Badura, Reinhard Busse u. a.), Epidemiology (Leon Gordis), Statistik – der Weg zur Datenanalyse (Ludwig Fahrmeir, Rita Künstler, Iris Pigeot), Methods for the Economic Evaluation of Health Care Programmes (Michael Drummond, Mark J. Sculpher, George W. Torrance u. a.), Gesundheitsökonomik (Friedrich Breyer, Peter Zweifel, Mathias Kifmann) und Gesundheitsökonomische Evaluationen (Oliver Schöffski, J.-Matthias Graf von der Schulenburg).

Schließlich gilt unser Dank denjenigen, die uns bei der Fertigstellung dieses Buches tatkräftig unterstützt haben: bei Inga Kreusel, Ansgar Lange, Tim Linderkamp und Hellmer Schmidt möchten wir uns für das Kontrollieren der Übungsaufgaben sowie bei Regina Thon für die Unterstützung bei der Formatierung dieses Buches herzlich bedanken.

Wir wünschen allen Studierenden und Interessierten viel Spaß und Erfolg beim Rechnen, Knobeln und Zeichnen!

Hannover, im Oktober 2010

Anne Prenzler
J.-Matthias Graf von der Schulenburg
Jan Zeidler

Inhalt

Abkürzungsverzeichnis

AIDS	Acquired Immune Deficiency Syndrome
AR	absolutes attributables Risiko
AR%	relatives attributables Risiko
ARR	absolute Risikoreduktion
bzw.	beziehungsweise
c. p.	ceteris paribus
ca.	circa
CI	Konfidenzintervall
cm	Zentimeter
df	Freiheitsgrade
d. h.	das heißt
dl	Deziliter
DMP	Disease Management Programm
E−	keine Exposition
E+	Exposition
€	Euro
F	Frauen
g	Gramm
GKV	Gesetzliche Krankenversicherung
H0	Nullhypothese
H1	Gegenhypothese
Hb	Hämoglobin
HIV	Humane Immundefizienz-Virus
I	Inzidenz
i. d. R.	in der Regel
ICD	Internationale Klassifikation der Krankheiten
ICER	Inkrementelle Kosteneffektivität
K−	krank
K+	nicht krank
LQ	Lebensqualität
LR	Likelihood-Ratio
mg	Milligramm

M	Männer
Mio.	Millionen
MMS	Mini-Mental-Status
NNH	Number-Needed-to-Harm
NNT	Number-Needed-to-Treat
NPV	negativer prädiktiver Wert
OP	Operation
p	Wahrscheinlichkeit
p(K+)	Prävalenz
p(T+)	Wahrscheinlichkeit für ein positives Testergebnis
p.a.	pro anno
PPV	positiver prädiktiver Wert
QALY	quality-adjusted life-year
RRR	relative Risikoreduktion
SMR	standardisierte Mortalitätsratio
T−	negatives Testergebnis
T+	positives Testergebnis
u. a.	unter anderem
WiWi	Wirtschaftswissenschaften
z. B.	zum Beispiel

Teil I
Aufgaben

Kapitel 1
Maßzahlen aus der Epidemiologie

1.1 Prävalenz und Inzidenz

1.1.1 Krebs

In einer Stadt mit 50.000 Einwohnern leiden im Jahr 2008 50 Personen an einer bestimmten Krebsart.

Aufgaben:
a) Wie hoch ist die Prävalenz dieser Erkrankung im Jahr 2008 bezogen auf 100.000 Einwohner?
b) Nehmen wir an, 20 Personen sind innerhalb eines Jahres neu an dieser Krebsart erkrankt. Die Einwohnerzahl der Stadt beträgt weiterhin 50.000. Wie hoch ist die kumulative Inzidenz?

1.1.2 Diabetes mellitus Typ II

Es wird diskutiert, in einer Kommune eine neue Ernährungs- und Bewegungsoffensive zu starten, um die Anzahl von Neuerkrankungen an Diabetes mellitus Typ II zu reduzieren. Im Vorfeld einer fundierten Entscheidung sind jedoch noch weitere Informationen nötig. Folgende Zahlen liegen Ihnen bereits vor:

Im Jahr 2008 lebten 50.000 Menschen in dieser Kommune, wobei die Einwohnerzahl während des Jahres konstant geblieben ist. Einer Statistik konnten Sie entnehmen, dass zum 01.01.2008 2.500 Menschen mit dem Diabetes mellitus Typ II erkrankt waren. Im Laufe des Jahres seien 100 Erkrankte gestorben, 20 Erkrankte weggezogen und 30 erkrankte Personen neu in die Kommune gezogen. Zudem wurden 200 neue Erkrankungsfälle identifiziert.

A. Prenzler et al., *Übungen zu Public Health und Gesundheitsökonomie*,
DOI 10.1007/978-3-642-13505-7_1, © Springer-Verlag Berlin Heidelberg 2010

Aufgaben:
a) Ermitteln Sie jeweils die Prävalenz von Diabetes mellitus Typ II zu Beginn und zum Ende des Jahres 2008 in der beschriebenen Kommune.
b) Ermitteln Sie zudem die Periodenprävalenz der Krankheit für das Jahr 2008.

1.1.3   Krankheit XY

Die Krankheit XY kann sowohl einen chronischen Verlauf nehmen, als auch bei einigen Patienten nur wenige Monate andauern. Patienten mit den Krankheitssymptomen von XY im Jahr 2008 wurden gebeten anzugeben, in welchen Zeiträumen die Symptome auftraten. In der Abbildung sind die Krankheitsverläufe von 10 Patienten dargestellt.

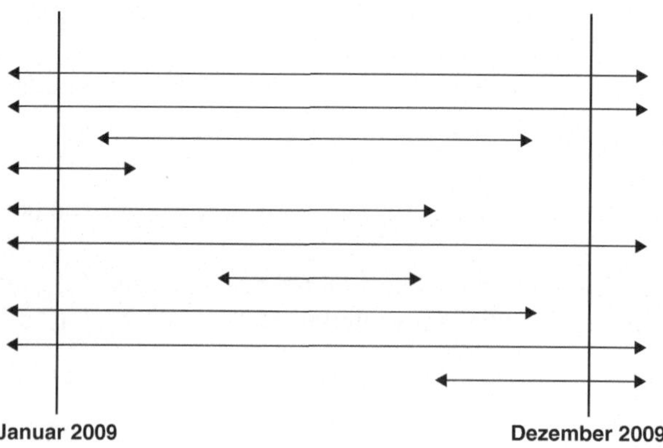

Aufgaben:
Für die folgenden Aufgaben ist jeweils nur der Zähler der epidemiologischen Maße relevant.

a) Wie hoch ist die Prävalenz zum 1.1.2009 bzw. 31.12.2009?
b) Ermitteln Sie die Periodenprävalenz für das Jahr 2009.
c) Geben Sie die Inzidenz für das Jahr 2009 an.

1.1.4   Gebärmutterhalskrebs

Eine Krankenkasse überlegt, ob Sie eine Impfung gegen Gebärmutterhalskrebs in ihren Regelleistungskatalog aufnehmen soll. Der Krankenkasse fehlen jedoch noch

Informationen über das Ausmaß der Erkrankung in ihrem Versichertenkollektiv. Einem Auszug aus den Abrechnungsdaten der Krankenkasse entnehmen Sie, dass im Jahr 2008 85 Frauen an Gebärmutterhalskrebs erkrankt waren, davon jedoch zehn Frauen starben. Es wurden 60 zusätzliche Fälle in diesem Jahr neu diagnostiziert, wobei fünf im gleichen Jahr noch an der Krankheit gestorben sind. Außerdem wissen Sie, dass das betrachtete Kollektiv der Krankenkasse eine Million Personen umfasst, wobei die Hälfte davon Männer sind.

Aufgabe:
Ermitteln Sie die kumulative Inzidenz von Gebärmutterhalskrebs im Jahr 2008 anhand der vorliegenden Informationen.

1.1.5   Osteoporosebedingte Frakturen

Osteoporose (Knochenschwund) ist charakterisiert durch eine Verminderung von Knochenmasse, die zu einer Zerstörung der Mikrostruktur des Knochens führt. Folgen dieser Erkrankung sind häufig Brüche u. a. an Hüfte und Wirbelsäule, die zu einer erheblichen Verringerung der Lebensqualität führen.

Im Rahmen einer prospektiven Studie werden in den Jahren 2000 bis 2008 10 Studienteilnehmerinnen mit einer schweren, manifesten Osteoporose jeweils über einen Zeitraum von in der Regel 5 Jahren beobachtet und das Auftreten einer Hüftfraktur dokumentiert. Folgende Abbildung zeigt die Ergebnisse:

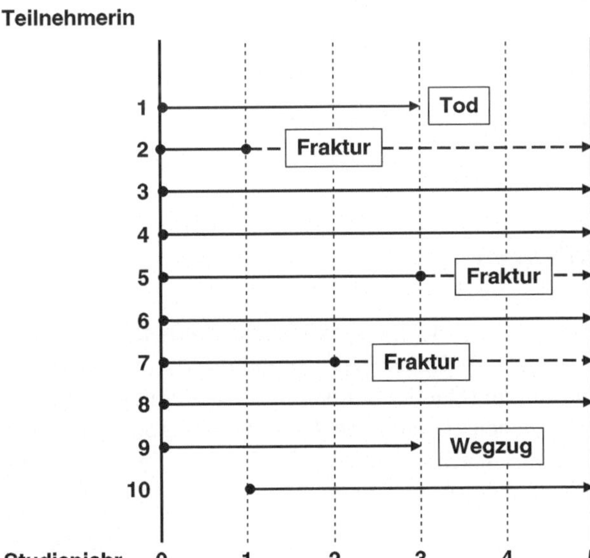

Aufgaben:

a) Ermitteln Sie die Inzidenzrate (auch Inzidenzdichte genannt) für Hüftfrakturen von Osteoporosepatientinnen.

b) Welchen Vorteil bietet die Inzidenzrate bzw. Inzidenzdichte im Vergleich zur kumulativen Inzidenz? Wann unterscheiden sich diese beiden epidemiologischen Maßzahlen kaum?

1.1.6 Beziehung zwischen Inzidenz und Prävalenz

Aufgaben:

a) Geben Sie an, inwiefern und unter welchen Bedingungen Inzidenz und Prävalenz mathematisch zusammenhängen.

b) Welches der beiden epidemiologischen Maße kann als ein Maß für das Erkrankungsrisiko genutzt werden? Begründen Sie ihre Einschätzung an einem Beispiel Ihrer Wahl.

1.2 Mortalität und Letalität

1.2.1 Gebärmutterhalskrebs

Betrachten Sie die Aufgabe „Gebärmutterhalskrebs" aus dem Kap. 1.1.4.

Aufgabe:

Wie hoch ist die Mortalität und Letalität der Erkrankung?

1.2.2 Bösartige Neubildungen

Die folgenden Tabellen geben die geschlechterspezifischen Sterbefälle im Jahr 2007 ab dem fünfzigsten Lebensjahr in Deutschland sowie die durchschnittliche Bevölkerungsanzahl in diesem Jahr an (Quelle: Statistisches Bundesamt).

Hinweis: Die ICD A00-T98 bedeutet, dass die Ursache des Todesfalls eine Krankheit bzw. eine Folge äußerer Ursachen gewesen ist. Vereinfachend wird angenommen, dass dies alle Todesfälle gewesen seien.

Sterbefälle 2007	Gesamt (ICD A00-T98)		Bösartige Neubildung (ICD C00-C97)		Kolorektalkarzinom (C18-C20)	
Alter	Männer	Frauen	Männer	Frauen	Männer	Frauen
50-55	15.460	7.993	5.123	4.141	250	222
55-60	20.949	10.981	7.890	5.835	445	320
60-65	26.431	13.517	10.672	7.012	678	445
65-70	48.440	25.673	19.187	11.993	1.290	865
70-75	56.006	34.556	19.678	12.984	1.584	1.100
75-80	65.827	53.533	19.810	14.759	1.688	1.433
80-85	59.926	86.076	14.519	16.686	1.436	1.930
85-90	42.055	91.062	7.801	12.090	783	1.703
über 90	27.237	97.937	3.212	7.349	325	1.093
SUMME	**362.331**	**421.328**	**107.892**	**92.849**	**8.479**	**9.111**

Bevölkerung ø 2007	Gesamt	
Alter	Männer	Frauen
50-55	2.883.520	2.863.164
55-60	2.577.847	2.611.117
60-65	2.102.193	2.174.911
65-70	2.582.732	2.808.059
70-75	1.872.601	2.222.009
75-80	1.275.443	1.780.031
80-85	710.011	1.468.127
85-90	300.986	835.519
über 90	131.023	419.459
SUMME	**14.436.356**	**17.182.396**

Aufgaben:

a) Kalkulieren Sie die Mortalität der deutschen Bevölkerung ab dem 50. Lebensjahr im Jahr 2007.

b) Berechnen Sie die ursachenspezifische Mortalität von bösartigen Neubildungen im Jahr 2007 ab dem 50. Lebensjahr. Gibt es einen Unterschied zwischen den Geschlechtern?

c) Wie hoch ist die proportionale Mortalität der bösartigen Neubildungen in Deutschland im Jahr 2007 ab dem 50. Lebensjahr? Gibt es hier einen Unterschied zwischen den Geschlechtern?

d) Wie hoch ist die altersspezifische Mortalität von Frauen zwischen 60 und 80 Jahren?

e) Ab dem 80. Lebensjahr sterben wesentlich mehr Frauen als Männer an einem Kolorektalkarzinom. Wie können Sie sich diesen Unterschied erklären? Berechnen Sie die geschlechterspezifische Mortalität für C18-C20 ab dem 50. Lebensjahr sowie ab dem 80. Lebensjahr.

1.3 Altersstandardisierung

1.3.1 Direkte Altersstandardisierung

Betrachten Sie folgende Tabelle:

Alter in Jahren	Standard-bevölkerung 1987	Bayern 2007				Berlin 2007			
		Population	Todesfälle**	Mortalität pro 100.000	Erwartete Todesfälle	Population	Todesfälle**	Mortalität pro 100.000	Erwartete Todesfälle
0-20	17.639.009	2.554.296	859			571.512	198		
20-40	23.843.887	3.223.189	1.840			997.363	519		
40-60	20.561.705	3.708.023	11.139			1.027.903	3.589		
60-80	13.005.366	2.442.748	43.974			674.655	12.789		
über 80	2.668.283	576.391	60.620			136.192	13.885		
Gesamt	77.718.340	12.504.647	118.432			3.407.625	30.980		

**Die Todesfälle in den Bundesländern beziehen sich auf die Indikationen A00-T98 (Alle Krankheiten und Folgen äußerer Ursachen)

Aufgabe:
Erläutern Sie zunächst kurz den Begriff der direkten Altersstandardisierung. Ergänzen Sie dann die fehlenden Angaben und vergleichen Sie die rohe und altersstandardisierte Gesamtmortalität von Bayern und Berlin. Wie lässt sich die altersstandardisierte Mortalitätsrate für sich allein interpretieren? (Runden Sie Ihre Ergebnisse jeweils auf zwei Stellen nach dem Komma.)

1.3.2 Indirekte Altersstandardisierung

Aufgabe:
Erläutern Sie zunächst kurz den Begriff der indirekten Altersstandardisierung. Berechnen Sie dann jeweils für Berlin und Bayern auf Basis des Beispiels zur direkten Altersstandardisierung (Kap. 1.3.1) die standardisierte Mortalitätsratio (SMR). Nutzen Sie als Vergleichspopulation die Daten der deutschen Bevölkerung in Jahr 2007. (Runden Sie Ihre Ergebnisse jeweils auf zwei Stellen nach dem Komma.)

Alter in Jahren	Deutsche Bevölkerung 2007			Bayern 2007			Berlin 2007		
	Population	Todesfälle	Mortalität pro 100.000	Population	Todesfälle	Erwartete Todesfälle	Population	Todesfälle	Erwartete Todesfälle
0-20	16.063.967	5.362							
20-40	20.766.563	11.763							
40-60	24.749.008	81.754							
60-80	16.817.979	323.983							
über 80	3.865.125	404.293							
Gesamt	82.262.642	827.155							

1.4 Gütekriterien für epidemiologische Tests

1.4.1 Definitionen und Formeln

Aufgaben:
a) Definieren Sie die Gütekriterien Sensitivität und Spezifität und geben Sie Möglichkeiten an, wie die Werte berechnet werden können.
b) Definieren Sie die Gütekriterien „positiver prädiktiver Wert" (PPV) und „negativer prädiktiver Wert" (NPV) und geben Sie Möglichkeiten an, wie die Werte berechnet werden können.

1.4.2 Erkennung von Krebserkrankungen

Zur Früherkennung einer bestimmten Krebserkrankung wurde ein medizinischer Test entwickelt, welcher an einer Kohorte von 1.000 Personen getestet wurde. Die Prävalenz der Erkrankung in der Kohorte beträgt 5 %. Laut der Testergebnisse war der Krebsbefund bei insgesamt 135 Personen positiv, wobei sich nach umfangreichen Nachuntersuchungen herausstellte, dass lediglich 40 der positiv getesteten Personen an der Krebsart erkrankt waren.

Aufgaben:
a) Stellen Sie eine Vierfeldertafel auf.
b) Berechnen Sie die Gütekriterien Sensitivität und Spezifität für das oben beschriebene Beispiel. Was bedeuten die Ergebnisse?
c) Berechnen Sie zudem den positiven prädiktiven Wert (PPV) sowie negativen prädiktiven Wert (NPV) für das oben beschriebene Beispiel. Was drücken die Ergebnisse aus?
d) Inwiefern ändert sich der PPV bzw. NPV, wenn die Prävalenz der Erkrankung sinkt?
e) Was gibt die Likelihood-Ratio an und wie berechnet man sie? Kalkulieren Sie die Likelihood-Ratio (LR+ und LR−) für den durchgeführten Test.

1.4.3 HIV-Test

Nehmen wir an, dass es üblich ist, das Humane Immundefizienz-Virus (HIV) mithilfe eines zweistufigen Tests zu identifizieren. Zuerst wird der sogenannte ELISA-Test, welcher auch als Suchtest bezeichnet werden kann und eine hohe Sensitivität (Sensitivität: 99 %; Spezifität 98 %) aufweist, verwendet. Anschließend wird

der Western Blot (alternativ: Immunoblot), ein Bestätigungstest, mit einer höheren
Spezifität (Sensitivität: 97 %; Spezifität 99,99 %) angewendet. Betrachten Sie eine
hypothetische Blutspenderpopulation von 500.000 Personen. Die HIV-Prävalenz in
dieser Kohorte liegt bei 0,02 %.

Aufgaben:

a) Stellen Sie zunächst eine Vierfeldertafel für den ELISA-Test auf und berechnen Sie den positiven prädiktiven Wert (PPV) sowie negativen prädiktiven Wert
(NPV).

b) Stellen Sie daraufhin eine weitere Vierfeldertafel auf und testen Sie hypothetisch
die Blutspender, die ein positives Testergebnis erhalten haben, ein weiteres Mal mit
dem Immunoblot. Wie hoch ist jetzt der positive bzw. negative prädiktive Wert?
(Führen Sie Ihre Berechnungen mit zwei Stellen anch dem Komma durch.)

c) Nach Durchführung beider Tests, wie hoch ist Netto-Sensitivität bzw.
Spezifität?

1.4.4 TestTestTest

Folgende Daten von sechs verschiedenen Erkrankungshäufigkeiten und Tests liegen Ihnen vor:

Test 1:
- Prävalenz: 5 %
- Sensitivität: 0,7
- Spezifität: 0,9

Test 2:
- 1.000 Personen sind krank
- 91 % werden richtig diagnostiziert
- bezogen auf die Personenanzahl gibt es genauso viele Falsch Positive wie Falsch
Negative

Test 3:
- 99 % der Kohorte ist gesund
- 90 Kranke werden positiv getestet; insgesamt erhält jedoch 2 % der Kohorte ein
positives Testergebnis

Test 4:
- Prävalenz: 2 %
- NPV: 100 %
- 8 % der Kohorte erhält ein negatives Testergebnis

Test 5:
- 1.000 Personen werden positiv testet, davon sind 800 wirklich krank
- der NPV beträgt 99 %

Test 6:
– jeweils 4.000 Personen werden richtig positiv bzw. richtig negativ getestet, wobei die Spezifität 100 % beträgt

Aufgaben:
Stellen Sie jeweils eine Vierfeldertafel auf und geben Sie für jeden Test die Sensitivität, Spezifität, Prävalenz, PPV, NPV sowie die Wahrscheinlichkeit an, dass eine Person positiv getestet wird. Gehen Sie jeweils von einer Kohorte von insgesamt 10.000 Personen aus.

1.5 Maße zur Risikoschätzung

1.5.1 Relatives Risiko und Odds-Ratio

Folgende Vierfeldertafel liegt Ihnen vor.

	K+	K−	Summe
E+	a	b	a+b
E−	c	d	c+d
Summe	a+c	b+d	n

Mit „E+" = Exposition; mit „E−" = keine Exposition; mit „K+" = Erkrankung liegt vor; mit „K−" = Erkrankung liegt nicht vor.

Aufgaben:
a) Wie hoch ist die Wahrscheinlichkeit, exponiert zu sein?
b) Wie hoch ist die Wahrscheinlichkeit, krank zu sein?
c) Stellen Sie die Formel für das relative Risiko auf.
d) Stellen Sie die Formel für die Odds-Ratio auf.

1.5.2 Krankheiten X und Y

Ihnen liegen zwei Vierfeldertafeln vor, deren Daten im Rahmen von zwei Studien ermittelt wurden.

Krankheit X

	K+	K−	Summe
E+	2.500	1.000	3.500
E−	2.000	4.500	6.500
Summe	4.500	5.500	10.000

Krankheit Y

	K+	K−	Summe
E+	40	3.460	3.500
E−	10	6.490	6.500
Summe	50	9.950	10.000

Aufgaben:
a) Berechnen Sie zunächst die Prävalenz der beiden Erkrankungen.
b) Ermitteln die dann für beide Krankheiten sowohl das relative Risiko als auch die Odds Ratio.
c) In welcher Studienform darf das relative Risiko nicht verwendet werden? Leiten Sie aus Ihren Ergebnissen her, wann sich die Odds Ratio als ein guter Schätzer des relativen Risikos erweist. Welche weiteren Kriterien müssen zutreffen?

1.5.3 Kohortenstudie: Lungenkrebs

Sie möchten gerne ermitteln, ob es einen Zusammenhang zwischen der Exposition Rauchen und der Krankheit Lungenkrebs gibt. Aus einer Kohortenstudie, an der insgesamt 1.000 männliche Probanden teilgenommen haben, liegen Ihnen dazu folgender Angaben vor:

- 35 % der Probanden waren Raucher
- 30 Männer sind in der Zeit an Lungenkrebs erkrankt, davon waren 2 Nichtraucher.

Aufgaben:
a) Stellen Sie eine Vierfeldertafel auf.
b) Ermitteln Sie anhand der Studiendaten, wie hoch die Wahrscheinlichkeit ist, dass ein Nichtraucher an Lungenkrebs erkrankt. Wie hoch ist die Erkrankungswahrscheinlichkeit bei Rauchern?
c) Ermitteln Sie das relative Risiko (95 %-Konfidenzintervall) und erläutern Sie das Ergebnis.
d) Definieren Sie zunächst das absolute und relative attributable Risiko der Exponierten und errechnen Sie diese für das oben genannte Beispiel. Wie hoch ist das bevölkerungsbezogene attributable Risiko?
e) Sie möchten gerne wissen, ob in der Grundgesamtheit auch ein positiver Zusammenhang zwischen der Exposition Rauchen und der Krankheit Lungenkrebs besteht. Wenden Sie dazu den Chi-Quadrat-Unabhängigkeitstest an. (Hinweis: Bei einer Vierfeldertafel mit $n = 1$ Freiheitsgraden kann ab einem Chi-Quadrat-Wert von 3,84 (mit einer Fehlerwahrscheinlichkeit in Höhe von 5 %) von einem signifikanten Zusammenhang ausgegangen werden).

1.5.4 Sekundärprävention: Raucher

Eine Krankenkasse hat im Jahr 2008 in einer Modellregion ein verhaltensbezogenes Gesundheitsprogramm gestartet, an dem 250 Personen teilnahmen. Von den 250

Teilnehmern waren zu Beginn 80 Raucher, von denen nach der Intervention nur noch 87,5 % rauchten. Jedoch sind in dem Zeitraum auch drei Personen, die zuvor Nichtraucher waren, zu aktiven Raucher geworden.

Insgesamt hat die Krankenkasse festgestellt, dass sich die Raucherquote im Laufe der Intervention verringert hat. Nun möchte sie gerne wissen, ob eine Verringerung auch in einer anderen Region mit ähnlichen Bevölkerungsstrukturen zu erwarten ist oder ob die Beobachtung nur zufällig war.

Aufgaben:
a) Stellen Sie eine Vierfeldertafel auf.
b) Wie hoch ist der Anteil der Raucher vor und nach dem Gesundheitsprogramm?
c) Führen Sie den McNemar-Test durch. (Hinweis: Bei einer Vierfeldertafel mit $n = 1$ Freiheitsgraden kann ab einem Chi-Quadrat von 3,84 (mit einer Fehlerwahrscheinlichkeit in Höhe von 5 %) von einem signifikanten Zusammenhang ausgegangen werden).

1.5.5 Interventionsstudie: Colitis ulcerosa

Colitis ulcerosa zählt neben Morbus Crohn zu den chronisch-entzündlichen Darmerkrankungen. Im Rahmen einer Interventionsstudie werden über ein halbes Jahr 1.000 Colitis ulcerosa-Patienten, die zu Beginn der Periode keine Krankheitsaktivität aufweisen, beobachtet. Die Hälfte der Kohorte bekommt ein Placebo, die andere Hälfte erhält ein Präparat „Mission-Re", welches dazu dienen soll, den Remissionsstatus zu erhalten und das Auftreten eines Krankheitsschubs zu verhindern.

Über den Beobachtungszeitraum treten in der Interventionsgruppe 100 Krankheitsschübe auf, in der Kontrollgruppe 130.

Aufgaben:
a) Ermitteln Sie die relative sowie absolute Risikoreduktion (RRR und ARR) und interpretieren Sie die Ergebnisse.
b) Wie hoch ist die NNT (Number-Needed-to-Treat)?
c) Gehen Sie davon aus, dass das Präparat „Mission-Re" als Nebenwirkung ein akutes Nierenversagen hervorrufen kann. In der Kontrollgruppe trat davon nur ein Fall auf, wohingegen in der Interventionsgruppe 4 akute Nierenversagen verzeichnet wurden. Berechnen Sie die NNH (Number-Needed-to-Harm).

1.5.6 Kohortenstudie – mit Confounding?

Folgende Vierfeldertafel aus einer Kohortenstudie liegt Ihnen vor, die einen möglichen Zusammenhang zwischen der Exposition E und dem Auftreten einer Erkrankung aufdecken soll:

	K+	K–	Summe
E+	400	600	1.000
E–	200	800	1.000
Summe	600	1.400	2.000

Aufgaben:

a) Berechnen Sie das relative Risiko. Gibt es einen Zusammenhang zwischen E und dem Auftreten der Krankheit?

b) Es wird vermutet, dass das Geschlecht ein Confounder darstellt. Dementsprechend werden die Daten nochmal nach Männern und Frauen stratifiziert:

Männer

	K+	K–	Summe
E+	305	450	755
E–	150	595	745
Summe	455	1.045	1.500

Frauen

	K+	K–	Summe
E+	95	150	245
E–	50	205	255
Summe	145	355	500

Ist das Geschlecht tatsächlich ein Confounder? Berechnen Sie dazu den Mantel-Haenszel-Summenschätzer für das relative Risiko und vergleichen Sie ihn mit dem errechneten relativen Risiko aus Aufgabenteil a).

c) Eine andere Vermutung liegt nahe: die Exposition E könnte im Zusammenhang mit dem Verhalten V stehen. Die Stratifizierung nach Personen mit und ohne das Verhalten V ergibt folgende Vierfeldertafeln:

Verhalten V

	K+	K–	Summe
E+	360	450	810
E–	80	200	280
Summe	440	650	1.090

ohne Verhalten V

	K+	K–	Summe
E+	40	150	190
E–	120	600	720
Summe	160	750	910

Ist das Verhalten V ein Confounder? Berechnen Sie wiederum den Mantel-Haenszel-Summenschätzer für das relative Risiko und vergleichen Sie das Ergebnis mit dem errechneten relativen Risiko aus Aufgabenteil a).

Kapitel 2
Statistische Methoden

2.1 Lage- und Streuungsmaße

2.1.1 Kindersegen

15 Frauen wurden nach der Anzahl ihrer Kinder befragt.

Nummer Probandin	1	2	3	4	5	6	7	8	9	10	11	12	13	14	15
Anzahl Kinder	0	2	2	1	2	1	0	1	3	4	0	1	2	0	1

Aufgaben:
a) Ermitteln Sie den Mittelwert, Median sowie Modalwert.
b) Wie hoch ist die Varianz der Stichprobe?
c) Wie hoch ist die Standardabweichung der Stichprobe?

2.1.2 Morbus Crohn

In einer kleinen Umfrage wurden 11 Patienten mit Morbus Crohn, einer chronisch-entzündlichen Darmerkrankung gefragt, welchen medikamentösen Wirkstoff sie zurzeit primär einnehmen. Die Antworten lauteten: Azathioprin, Budesonid, Mesalazin, Budesonid, Prednisolon, Mesalazin, Mercaptopurin, Mercaptopurin, Sulfasalazin, Mesalazin, Prednison.

Aufgabe:
Ermitteln Sie den Mittelwert, Median sowie Modalwert.

A. Prenzler et al., *Übungen zu Public Health und Gesundheitsökonomie,*
DOI 10.1007/978-3-642-13505-7_2, © Springer-Verlag Berlin Heidelberg 2010

2.2 Wahrscheinlichkeiten und Kombinatorik

2.2.1 *Würfellaune*

Vor Ihnen liegt ein handelsüblicher Würfel mit den Zahlen von 1 bis 6.

Aufgaben:
Wie hoch ist die Wahrscheinlichkeit, dass Sie folgende Zahlen bzw. Zahlenkombinationen würfeln?

a) Eine Sechs
b) Eine Sechs oder eine Drei.
c) Zwei Sechsen hintereinander.
d) Die Zahlenfolge eins bis sechs.
e) Die Zahlenfolge sechs bis zwei.
f) Sechs Sechsen hintereinander.
g) In sechs Würfen die Zahlen eins bis sechs zu würfeln (unabhängig von der Reihenfolge).

Wie hoch ist die Wahrscheinlichkeit bei einem Wurf mit zwei Würfeln

a) die Augenzahl 11 zu erzielen,
b) höchstens die Augenzahl 4 zu würfeln,
c) höchstens die Augenzahl 11 zu erzielen?

2.2.2 *Wellness-Urlaub*

Folgende Ausgestaltungen von Lotterien liegen Ihnen vor:

1. Aus einer Lostrommel mit 50 Kugeln (Zahlen 1–50) werden 5 Zahlen nacheinander gezogen (ohne Zurücklegen), wobei die Reihenfolge der Zahlen entscheidend ist.
2. Aus einer Lostrommel mit 40 Kugeln (Zahlen 1–40) werden 5 Zahlen nacheinander gezogen (mit Zurücklegen), wobei die Reihenfolge der Zahlen entscheidend ist.
3. Aus einer Lostrommel mit 50 Kugeln (Zahlen 1–50) werden 7 Zahlen nacheinander gezogen (ohne Zurücklegen). Die Reihenfolge der Ziehung ist nicht entscheidend.
4. Aus einer Lostrommel mit 60 Kugeln (Zahlen 1–60) werden 6 Zahlen nacheinander gezogen (mit Zurücklegen). Die Reihenfolge der Ziehung ist nicht entscheidend.

Bei richtiger Kombination winkt dem Gewinner bzw. der Gewinnerin ein Wellness-Urlaub.

Aufgabe:
Ermitteln Sie die jeweilige Wahrscheinlichkeit, die Wellness-Reise bei Teilnahme an der Lotterie zu gewinnen. Stellen Sie dabei zunächst die Formel für die Kalkulation der Wahrscheinlichkeit auf. Falls die Teilnahmegebühr bei allen vier Lotterien gleich ist, bei welcher würden Sie am ehesten mitspielen?

2.2.3 Epidemiologische Maßzahlen und Wahrscheinlichkeit

Aufgrund seiner familiären Erkrankungsgeschichte nimmt ein fünfzigjähriger Mann, der bislang keine Symptome aufweist, an einer Darmkrebs-Vorsorgeuntersuchung teil. Die Prävalenz in seiner Risikogruppe sei 10 %. Die Sensitivität der Untersuchung betrage 96 % und die Spezifität 97 %.

Aufgaben:
a) Wie hoch ist die Wahrscheinlichkeit bei einem Positivbefund, dass der untersuchte Mann Darmkrebs hat (p(K+|T+)=PPV)? Wie hoch ist die Wahrscheinlichkeit, dass er keinen Darmkrebs hat?
b) Mit welcher Wahrscheinlichkeit hat der Patient keinen Darmkrebs bei einem Negativbefund (p(K−|T−)), mit welcher Wahrscheinlichkeit hat er trotz eines Negativbefundes einen Darmkrebs?

2.3 Binomial- und Hypergeometrische Verteilung

2.3.1 Einführung: Medizintechnikgroßhändler

Ein Medizintechnikgroßhändler bekommt eine Lieferung von drei Herzschrittmachern. Der Großhändler möchte die medizinischen Geräte an Krankenhäuser in der Region weiterverkauften, vorher muss die medizintechnische Abteilung jedoch die Funktionstüchtigkeit der Herzschrittmacher überprüfen. Es seien H_1, H_2, H_3 die drei Ereignisse, dass der erste, zweite bzw. dritte Herzschrittmacher defekt ist. Beschreiben Sie mit Hilfe dieser Variablen und geeigneter Mengenoperationen die nachstehenden Ereignisse. Veranschaulichen Sie die Ereignisse jeweils durch ein Mengendiagramm.

Aufgaben:
a) Alle Herzschrittmacher sind funktionstüchtig.
b) Alle Herzschrittmacher sind defekt.
c) Mindestens ein Herzschrittmacher ist defekt.
d) Genau zwei Herzschrittmacher sind defekt.
e) Höchstens ein Herzschrittmacher ist defekt.

2.3.2   Krebs in einer Population

In einer Population sind 5 % der Bevölkerung an Krebs erkrankt.

Aufgaben:
Wie groß ist die Wahrscheinlichkeit, dass ... (jeweils mit Zurücklegen):

a) 5 zufällig ausgewählte Personen an Krebs erkrankt sind?
b) von 10 zufällig ausgewählten Personen keiner an Krebs erkrankt ist?
c) von 5 zufällig ausgewählten Personen höchstens 2 an Krebs erkrankt sind?
d) höchstens 2 von 3 zufällig ausgewählten Personen an Krebs erkrankt sind?
e) genau einer von zufällig ausgewählten 6 Personen an Krebs erkrankt sind?

2.3.3   Fehlerhafte Ware

Ein Krankenhaus erhält wöchentlich eine 68 Kisten umfassende Lieferung an medizinischem Zubehör. Der Lieferant hat bei der Werkskontrolle dieser Lieferung eine Fehlertoleranz von 4 Kisten. Das Krankenhaus kontrolliert aus jeder Lieferung 10 zufällig ausgewählte Kisten auf Vollständigkeit und korrekte Bestückung. Mit dem Lieferanten ist vereinbart, dass falls bei der Kontrolle mehr als eine fehlerhafte Kiste gefunden wird, die Lieferung zurückgegeben wird.

Aufgaben:
a) Wie hoch ist bei dem vom Krankenhaus gewähltem Kontrollverfahren die Wahrscheinlichkeit, dass eine an sich den Fehlertoleranzen entsprechende Lieferung zurückgewiesen wird, wenn jede Kiste nach der Überprüfung in den Stapel zurückgelegt wird? (Ziehen mit Zurücklegen)
b) Wie hoch ist die Wahrscheinlichkeit, wenn die einmal überprüften Kisten gesondert aufbewahrt werden? (Ziehen ohne Zurücklegen)

2.3.4   Qualitätskontrolle

Ein kleines Pharmaunternehmen stellt täglich 300 Packungen mit jeweils 5 Blistern à 10 Tabletten eines bestimmten Medikamentes her. Aus technischen Gründen ist es möglich, dass eine Packung mit Arzneimitteln am Fließband unzureichend bestückt wird. Beispielsweise könnten ein Blister in der Packung oder aber einzelne Tabletten in einem Blister fehlen. Aus diesen Gründen werden die Arzneimittelpackungen einer Qualitätskontrolle unterzogen, bevor sie abends an den Großhändler versandt werden. Dazu werden jeden Abend zufällig ausgewählte Packungen auf ihren Inhalt hin untersucht. Im Rahmen der Qualitätskontrolle werden die bereits geprüften Päckchen gesondert gelagert.

Aufgaben:

a) Wie hoch ist die Wahrscheinlichkeit höchstens zwei fehlerhafte Päckchen zu finden, wenn 10 % der Produktion überprüft werden und angenommen wird, dass insgesamt 10 Päckchen nicht einwandfrei bestückt sind?

b) Wie hoch ist die Wahrscheinlichkeit kein fehlerhaftes Päckchen zu finden, wenn 5 % der Produktion überprüft werden und angenommen wird, dass insgesamt 1 % Päckchen nicht einwandfrei bestückt sind?

c) Nehmen Sie an, dass die Produktion nicht an den Großhändler geschickt wird, wenn bei einer Stichprobe von 40 Päckchen mehr als ein Päckchen von der Maschine falsch bestückt worden ist. Der Hersteller, der die Produktionsanlage geliefert hat, gibt in seiner Werbebroschüre an, dass bei „nur" 1 von 75 Päckchen eine fehlerhafte Zusammensetzung vorkommen kann. Wie hoch ist die Wahrscheinlichkeit, dass die Lieferung nicht an den Großhändler geschickt wird?

2.4   Normalverteilung

2.4.1   Blutzucker

Bei einer Gruppe von 500 zufällig ausgewählten Frauen wurde der Blutzuckerspiegel gemessen. Der Durchschnitt in der Gruppe betrug 110 mg/dl mit einer Standardabweichung von 30. Es wird eine Normalverteilung der Stichprobe angenommen.

Nutzen Sie für die folgenden Aufgaben die z-Tabelle (siehe Anhang A).

Aufgaben:

a) Wie hoch ist die Wahrscheinlichkeit einen Blutzuckerspiegel von weniger als 145 mg/dl zu haben?

b) Wie hoch ist die Wahrscheinlichkeit, einen Blutzuckerspiegel von mehr als 180 mg/dl zu haben?

c) Wie hoch ist die Wahrscheinlichkeit einen Blutzuckerspiegel von genau 130 mg/dl zu haben?

d) Betrachten wir die 25 Frauen mit dem niedrigsten Blutzuckerspiegel: welchen Blutzuckerspiegel werden diese wahrscheinlich nicht überschreiten?

e) Betrachten Sie die 10 Frauen mit dem höchsten Blutzuckerspiegel: welchen Blutzuckerspiegel werden diese wahrscheinlich nicht unterschreiten?

f) Zwischen welchen Werten werden 80 % der Frauen wahrscheinlich liegen?

g) Welche Intervalle können in einer normalverteilten Stichprobe ohne Blick auf die z-Tabelle schnell, bei Kenntnis des Mittelwertes sowie der Standardabweichung, approximativ ermittelt werden? Veranschaulichen Sie Ihr Ergebnis anhand einer graphischen Darstellung der Dichtefunktion der Verteilung. Welche Werte können Sie demnach direkt für die vorliegende Stichprobe angeben?

2.4.2 Hämoglobinwerte

Vor einer Blutspende wird neben dem Blutdruck und der Körpertemperatur auch der Hämoglobinwert (Hb-Wert), auch vereinfacht Eisenwert genannt, gemessen. Normalerweise liegt der Hb-Wert bei Frauen zwischen 12 und 16 g/dl, bei Männern zwischen 14 und 18 g/dl. Um Blutspenden zu können, müssen Frauen mindestens einen Wert von 12,5 g/dl aufweisen und Männer einen Wert von 13,5 g/dl. Mit einem Eisenwert von über 18 g/dl werden die potentiellen Spender und Spenderinnen i. d. R. nicht zur Blutspende zugelassen, sondern erst einmal weitere Untersuchungen veranlasst. (Herzlichen Dank an den Blutspendedienst der Medizinischen Hochschule Hannover (MHH) für diese Auskunft).

In einer Kohorte von 450 Männern und 500 Frauen, die gerne Blutspenden möchten, liegt der durchschnittliche Eisenwert bei 16 bzw. 14 g/dl mit einer Standardabweichung von jeweils 1,5. Es wird eine Normalverteilung angenommen.

Nutzen Sie für die folgenden Aufgaben die z-Tabelle (siehe Anhang A).

Aufgaben:

a) Wie hoch ist die Wahrscheinlichkeit, als Mann einen Hb-Wert von weniger als 14 g/dl zu haben?

b) Wie hoch ist die Wahrscheinlichkeit, als Frau einen Hb-Wert von über 15 g/dl zu haben?

c) Wie hoch ist die Wahrscheinlichkeit, als Frau einen Hb-Wert von über 12,5 g/dl zu haben?

d) Wie hoch ist die Wahrscheinlichkeit als Mann einen Hb-Wert von genau 16 g/dl bzw. als Frau einen Hb-Wert von genau 14 g/dl zu haben?

e) Betrachten wir die 50 Frauen mit dem niedrigsten Eisenspiegel: welchen Hb-Wert werden diese wahrscheinlich nicht überschreiten?

f) Betrachten wir die 20 Männer mit dem höchsten Eisenspiegel: welchen Hb-Wert werden diese wahrscheinlich nicht unterschreiten?

g) Zwischen welchen Werten werden 60 % der potentiellen Blutspender bzw. Blutspenderinnen wahrscheinlich liegen?

h) Werden mehr Frauen oder mehr Männer zur Spende zu gelassen? Berechnen Sie die wahrscheinliche Anzahl.

2.4.3 Körpergröße

In einer Gruppe von 20 zufällig ausgewählten männlichen Studierenden messen Sie die Körpergröße. Im Ergebnis sind die Studenten durchschnittlich 185 cm groß mit einer Standardabweichung von 10 cm.

Aufgabe:

a) Welchen Wert werden 90 % der Studenten wahrscheinlich nicht überschreiten? Unterstellen Sie eine t-Verteilung der Werte mit n−1 Freiheitsgraden. (Nutzen Sie hierzu die t-Tabelle im Anhang A.)

b) Nehmen Sie an, dass die Gruppe nicht aus 20, sondern aus 500 Studierenden
   besteht. Mittelwert und Standardabweichung bleiben unverändert. Ändert sich
   das Ergebnis aus Aufgabenteil a)?

2.5   Poissonverteilung

2.5.1   *Unfälle in einer Versicherungskohorte*

Stellen Sie sich vor, Sie sind Versicherungsmathematiker in einer privaten Krankenversicherung mit insgesamt 100.000 Versicherten, deren Verteilung der deutschen
Bevölkerung entspricht. Ihre Vorgesetzte bittet Sie, bei einem selten vorkommen-
den Unfall A anzugeben, wie wahrscheinlich es ist, dass sich ein oder mehrere Fälle
in ihrer Versichertenkohorte ereignen. Ihnen ist bekannt, dass Unfall A in einem
Jahr durchschnittlich in nur 4 von 100.000 Fällen auftritt.

Nutzen Sie für die folgenden Aufgaben die Tabelle zur Poisson-Verteilung (siehe
Anhang A).

Aufgaben:
Wie wahrscheinlich ist es, dass aus ihrer Versicherungskohorte

a) niemand diesen Unfall erleidet,
b) weniger als 5 Personen diesen Unfall erleiden,
c) mehr als 6 diesen Unfall erleiden,
d) 7 oder 8 Personen diesen Unfall erleiden,
e) 10 oder mehr Personen diesen Unfall erleiden?

2.5.2   *Seltene Erkrankung*

Sie sind immer noch Versicherungsmathematiker … jedoch sind Sie jetzt in eine
größere Krankenversicherung mit insgesamt 200.000 Versicherten gewechselt. Deren Verteilung entspricht weiterhin der deutschen Bevölkerung. Ihr Vorgesetzter
bittet Sie zu ermitteln, wie hoch die Wahrscheinlichkeit ist, dass eine seltene Erkrankung S, die nicht genetisch bedingt ist und in jeder Altersklasse auftreten kann,
in Ihrer Versichertenkohorte auftritt. Ihnen ist bekannt, dass S in einem Jahr durchschnittlich in nur 1 von 1.000.000 Fällen auftritt.

Nutzen Sie für die folgenden Aufgaben die Tabelle zur Poisson-Verteilung (siehe
Anhang A).

Aufgaben:
Wie wahrscheinlich ist es, dass aus ihrer Versicherungskohorte

a) niemand diese Krankheit bekommt,
b) weniger als 2 Personen diese Krankheit bekommen,

c) mehr als 3 Personen diese Krankheit bekommen,
d) 2 oder 3 Personen diese Krankheit bekommen,
e) 4 oder mehr Personen diese Krankheit bekommen?

2.6   Statistische Tests

2.6.1   Einseitig versus zweiseitige Tests

Aufgabe:
Erläutern Sie kurz den grundsätzlichen Unterschied zwischen einem einseitigen und einem zweiseitigen Test und verdeutlichen Sie den Unterschied anhand einer Graphik.

2.6.2   Diabetes mellitus Typ II

In der folgenden Tabelle sind die Kosten von 36 Diabetes mellitus Typ II-Patienten aufgelistet, die im Laufe eines Jahres angefallen sind. Alle Patienten sind eingeschrieben in ein Disease Management Programm (DMP) und wurden zufällig im Rahmen der Programme ausgewählt.

3.000	3.000	3.000	8.000	5.000	2.000
2.000	15.000	7.000	500	12.000	3.000
1.000	3.500	5.000	4.000	1.500	2.500
10.000	4.000	2.500	8.000	1.000	3.000
1.500	5.000	1.000	2.500	2.000	3.500
2.000	500	1.000	4.000	2.500	4.000

Aufgaben:
a) Geben Sie den Minimal- und Maximalwert sowie Mittelwert, Median und Modalwert der Stichprobe an.
b) Wie hoch ist die Varianz der Stichprobe? Wie hoch ist die Standardabweichung?
c) Ihnen ist aus einer anderen Quelle bekannt, dass Diabetiker, die nicht in ein DMP eingeschrieben sind, jährlich im Erwartungswert Kosten in Höhe von 4.500 € verursachen (μ_{nDMP}). Sie möchten nun anhand Ihrer Stichprobe überprüfen, ob sich die Kosten von Diabetikern, die in ein DMP eingeschrieben sind, signifikant ($p < 0{,}05$) in der Grundgesamtheit von denen unterscheiden, die nicht in ein DMP eingeschrieben sind. Stellen Sie zunächst Ihre Hypothesen auf. Bestimmen Sie

dann das Konfidenzintervall und verdeutlichen Sie Ihr Ergebnis anhand einer Graphik. Gehen Sie von einer Normalverteilung der Zufallsvariable aus. (Nutzen Sie hierzu die t-Tabelle im Anhang A.)

d) Inwiefern ändern sich Ihre Ergebnisse aus Aufgabe c), wenn Sie nicht eine Stichprobe von 36 sondern stattdessen 151 Patienten betrachten? (Annahme: Lage- und Streuungsmaße bleiben gleich.) Berechnen Sie das Konfidenzintervall und verdeutlichen Sie Ihr Ergebnis anhand einer Graphik. Gehen Sie wiederum von einer Normalverteilung der Zufallsvariable aus. (Nutzen Sie hierzu die t-Tabelle im Anhang A.)

e) Diskutieren Sie kurz die Annahme der Normalverteilung.

2.6.3 Sind WiWi-Studierende wehleidiger?

51 zufällig ausgewählte Studierende der Wirtschaftswissenschaften (WiWi) wurden gefragt, wie häufig sie im letzten Jahr zum Arzt gegangen sind. Im Ergebnis haben die WiWi-Studierenden durchschnittlich 8-mal innerhalb des letzten Jahres einen Arzt aufgesucht. Im Vergleich gingen laut Statistik Studierende anderer Fachrichtungen im Durchschnitt 6-mal im Jahr zum Arzt. Die Standardabweichung beträgt 5,9. Für die untersuchte Gruppe der Studierenden wird Normalverteilung unterstellt.

Aufgaben:

a) Testen Sie zum Konfidenzniveau von 90 %, ob sich die Anzahl der Arztbesuche der WiWi-Studierenden signifikant von der Anzahl der Arztbesuche der Grundgesamtheit der Studierenden anderer Fachrichtungen unterscheidet. Formulieren Sie dabei zunächst Ihre Hypothesen.

b) Inwiefern ändert sich das Ergebnis aus Aufgabeteil a), wenn Sie zu einem Konfidenzniveau von 99 % testen?

2.6.4 Fehlzeiten

Eine Befragung von 20 Personen hinsichtlich der Fehlzeiten am Arbeitsplatz pro Jahr ergab folgendes Ergebnis:

Geschlecht	F	F	F	M	F	M	F	F	M	M	F	F	M	F	F	M	F	F	M	F
Anzahl Fehlstunden	49	38	27	33	57	44	64	58	24	51	47	39	37	62	21	34	26	46	54	36

Aufgabe:
Testen Sie mit dem Mann-Whitney-U-Test, ob sich die Fehlzeiten zwischen Frauen (F) und Männern (M) bei einer Fehlerwahrscheinlichkeit von 5 % signifikant voneinander unterscheiden. (Hinweis: U_{krit} bei 0,05 mit m = 7 und n = 13 entspricht einem Wert von 20).

2.6.5 Korrekte Verteilung?

Hinsichtlich des Auftretens einer neuartigen Krankheit wurden folgende altersabhängige Beobachtungen gemacht:

Altersklasse i	Registrierte Erkrankte
< 10 Jahre	15
10-30 Jahre	40
30-50 Jahre	30
> 50 Jahre	15

Ein Mediziner behauptet nun, die Krankheit erforscht zu haben und in der Lage zu sein, folgende Prävalenzen für die einzelnen Altersklassen angeben zu können:

Altersklasse i	Prävalenz
< 10 Jahre	20%
10-30 Jahre	30%
30-50 Jahre	30%
> 50 Jahre	20%

Aufgabe:
Testen Sie mit dem Chi-Quadrat-Anpassungstest bei einem Signifikanzniveau von 0,05, ob das Verteilungsmodell des Mediziners den Krankheitsverlauf richtig beschreibt. (Hinweis: $\chi^2_{df;\,1-\alpha} = \chi^2_{3;\,0,95} = 7,815$).

2.7 Korrelation und Regression

2.7.1 Korrelation versus Regression

Aufgabe:
Erläutern Sie kurz den Unterschied zwischen einer Korrelationsanalyse und einer einfachen linearen Regressionsanalyse.

2.7.2   Rauchen & Alkohol

Im Rahmen einer Studie wurden bei 13 Probanden die täglich gerauchte Anzahl an Zigaretten (x) und die tägliche getrunkene Menge an Alkohol in Zentilitern (y) erhoben.

I	1	2	3	4	5	6	7	8	9	10	11	12	13
x_i	3	1	5	3	7	2	7	8	6	6	2	5	4
y_i	30	50	60	10	50	30	20	10	40	70	80	60	90

Aufgabe:
Prüfen Sie, ob es einen Zusammenhang zwischen diesen beiden Merkmalen gibt, indem Sie den Korrelationskoeffizienten berechnen.

2.7.3   Die Störgröße im Regressionsmodell

Aufgabe:
Wozu dient die Störgröße im Regressionsmodell?

2.7.4   Zappelphillip

Eine neue Studie soll untersuchen, ob es einen Zusammenhang zwischen der Anzahl der eingenommenen Retalin-Tabletten pro Tag und der Aufmerksamkeitsspanne eines Kindes gibt. Nachfolgend sind die Daten von 10 untersuchten Kinder angegeben:

Kind i	1	2	3	4	5
Retalin-Tabletten pro Tag (x)	2	0,3	3,1	2,8	2,6
Aufmerksamkeitsspanne in Minuten (y)	40	50	90	75	80

Kind i	6	7	8	9	10
Retalin-Tabletten pro Tag (x)	0,5	1,2	0,5	0,9	1,7
Aufmerksamkeitsspanne in Minuten (y)	20	45	30	42	61

Aufgaben:

a) Ermitteln Sie die Regressionsgerade und zeichnen Sie sowohl die Daten (als Punkte) als auch die Regressionsgerade in ein geeignetes Koordinatensystem ein.

b) Berechnen Sie die Residuen für jedes Kind.

c) Berechnen Sie das Bestimmtheitsmaß R^2. Welche Aussage über die Güte der Regression können Sie mittels des Bestimmtheitsmaßes treffen?

Kapitel 3
Gesundheitsökonomische Fragestellungen

3.1 Kosten und Nutzen

3.1.1 Hals- und Beinbruch

Ein 50-jähriger Mann, Herr Schmidt, hat durch einen Sportunfall eine Femurfraktur (Oberschenkelbruch) erlitten. Da Herr Schmidt ein monatliches Bruttoeinkommen von 5.000 Euro bezieht – welches oberhalb der Versicherungspflichtgrenze liegt – ist er bereits vor einigen Jahren zu einer privaten Krankenversicherung gewechselt.

Ein halbes Jahr nach dem Sportunfall erstellt Herr Schmidt eine Liste mit all seinen Ausgaben sowie Arbeits- und Freizeitverlusten.

Ambulante Arztrechnung	450 Euro
Krankenhausaufenthalt	1.500 Euro
Krücken	25 Euro
Schmerzmittel	100 Euro
Taxifahrten zum Arzt	50 Euro
Physiotherapie	400 Euro

Da Herr Schmidt allein stehend ist und sich sonst selbst um seinen Haushalt kümmert, musste er sich während seiner Krankheitsphase eine Haushaltshilfe leisten, die ihn insgesamt 200 Euro gekostet hat.

Einen Monat lang konnte Herr Schmidt nicht am Arbeitsprozess teilnehmen. Außerdem verbrachte Herr Schmidt viel Zeit beim Arzt und bei der Krankengymnastik. Diesen Zeitverlust bewertet er mit 500 Euro.

Generell war die Femurfraktur sehr schmerzhaft für Herrn Schmidt. Die Medikamente, die er eingenommen hat, haben seine Beschwerden nur teilweise gelindert. Er bewertet seine Schmerzen mit 300 Euro.

Von seinem Sohn, der Gesundheitsökonomie studiert, hat er erfahren, dass man Kosten nach direkten medizinischen, direkten nichtmedizinischen, indirekten und intangiblen Kosten unterscheiden kann.

A. Prenzler et al., *Übungen zu Public Health und Gesundheitsökonomie,*
DOI 10.1007/978-3-642-13505-7_3, © Springer-Verlag Berlin Heidelberg 2010

Aufgabe:
Bitte helfen Sie Herrn Schmidt und bei der Aufteilung der aufgeführten Posten. Bewerten Sie zudem noch die Produktivitätsverluste aufgrund der Arbeitsunfähigkeit von Herrn Schmidt aus der Perspektive der Gesellschaft mithilfe der Humankapitalmethode.

3.1.2 Kosten im Krankenhaus

Für die alternativ möglichen Behandlungen A und B sind folgende Kosten pro Tag der Behandlung in einem Krankenhaus ermittelt worden:

Tag	Kosten A (€)	Kosten B (€)
1	300	100
2	200	100
3	200	100
4	250	500
5	350	700
6	350	500
7	150	100
8	100	
9	100	
10	100	

Aufgaben:
a) Welche Behandlung ist wirtschaftlicher?
b) Wie hoch sind die Durchschnittskosten bei A und B pro Tag aus Sicht der Krankenhausleitung?
c) Wie hoch sind die Einsparungen der Krankenkasse durch Behandlung B im Vergleich zu A bei einem Pflegesatz in Höhe von 250 Euro pro Tag?
d) Wie hoch sind die inkrementellen Kosten von A verglichen mit B aus Sicht der Krankenhausleitung?
e) Wie hoch sind die marginalen Einsparungen durch B nach dem 7. Tag aus Sicht der Krankenhausleitung?

3.1.3 Operation als „Investition"?

Als Ökonom/in einer gesetzlichen Krankenkasse werden sie gebeten eine Kostenkalkulation durchzuführen. Bei einer chronischen Erkrankung X existieren zwei alternative Behandlungsmethoden: zum einen kann eine Operation durchführt und anschließend in geringer Dosierung die Medikation G eingenommen werden. Alternativ kann auch auf die Operation verzichtet werden; jedoch muss stattdessen die patentgeschützte Medikation P in einer höheren Dosierung eingenommen werden.

Folgende Daten stehen Ihnen zur Verfügung:

Eine Operation inkl. stationären Aufenthalt kostet 16.000 Euro und wird zu Beginn des Zeitraums $t=0$ durchgeführt. Im Anschluss muss die Medikation G, ein Generikum, in der Dosierung von 100 mg täglich einmal eingenommen werden. 100 mg von G kosten 1 Euro.

Das patentgeschützte Präparat P muss hingegen $3\times$ täglich eingenommen werden, jeweils 100 mg je Dosis. 100 mg kosten 4 Euro. Zu Beginn von $t=3$ läuft jedoch das Patent von P aus, so dass von einer 50-prozentigen-Reduktion des Preises ausgegangen werden kann.

Die Dosierung beider Medikationen muss in $t=3$ sowie daraufhin alle drei Jahren stets um 10 % erhöht werden.

Aufgabe:
Ermitteln Sie die Kosten der beiden Alternativen über den Zeitraum $t=0$ bis $t=10$ und stellen Sie den Kostenverlauf (kumuliert und diskontiert) graphisch dar. Der Diskontsatz beträgt nach dem Hannoveraner Konsensus 5 %. Welche Alternative halten Sie ökonomisch für sinnvoller? Welche weiteren Informationen benötigen Sie für eine fundierte Aussage? (Runden Sie Ihre Ergebnisse jeweils auf zwei Stellen nach dem Komma.)

3.1.4 *Dialyse versus Nierentransplantation*

Ein QALY (quality-adjusted life-year) ist definiert, als das Produkt aus der Lebenszeit und der Lebensqualität. Die Lebensqualität ist dabei auf das Intervall [0,1] normiert, wobei eins die beste und null die schlechteste Lebensqualität beschreibt.

Aufgaben:
a) Bitte stellen Sie in einem Lebensqualitäts- (Ordinate) Lebenszeit- (Abszisse) Diagramm graphisch den Verlauf der QALYs dar, wenn die Qualität des Lebens zum Zeitpunkt der Geburt maximal ist und im Zeitablauf mit zunehmender Rate abnimmt.
b) Bitte stellen Sie sich – ausgehend von Ihrer graphischen Darstellung – vor, der beschriebene Patient erleidet in der Mitte seines Lebens ein akutes Nierenversagen.
Bitte stellen Sie in Ihrer Graphik die Auswirkungen auf Lebensqualität und Lebenszeit für den Fall dar, dass

1. der Patient gezwungen ist, sich von nun an drei Mal in der Woche jeweils fünf Stunden einer Dialyse zu unterziehen. Dabei verringert sich seine Lebenserwartung geringfügig.
2. der Patient zum Zeitpunkt des Versagens eine Nierentransplantation erhält. Seine Lebenserwartung bleibt unbeeinträchtigt.

Bitte gehen Sie davon aus, dass die Dialyse einen negativen Einfluss auf die Lebensqualität ausübt. Eine Nierentransplantation beeinträchtigt die Lebensqualität für einen begrenzten Zeitraum nach der Operation sehr stark, anschließend übersteigt die Lebensqualität eines Transplantationspatienten jedoch die eines Dialysepatienten.

c) Die Kosten beider Behandlungsregime sind identisch. Unter welchen Umständen würden Sie unter ökonomischen Gesichtspunkten eine Transplantation durchführen?

3.1.5 *Länger oder besser leben – oder beides?*

Das QALY-Konzept spielt in der nationalen sowie internationalen Gesundheitsökonomie eine wichtige Rolle, da es das am häufigsten verwendete Verfahren zur Ermittlung von Nutzwerten für Kosten-Nutzwert-Analysen ist. Die folgenden Aufgaben beschäftigen sich daher mit der Kalkulation von qualitäts-adjustierten Lebensjahren. (Runden Sie Ihre Ergebnisse jeweils auf vier Stellen nach dem Komma.)

Aufgaben:

a) Die Anwendung einer Chemotherapie verlängert das Leben eines Patienten um zwei Jahre, wobei die Lebensqualität innerhalb dieses Zeitraums 0,5 beträgt. Skizzieren Sie zunächst eine QALY-Graphik. Berechnen Sie dann die gewonnenen QALY. Unterstellen Sie dabei eine Diskontrate von 0 % und führen Sie Kalkulation nochmals mit einer Diskontrate in Höhe von 5 % p.a. durch.

b) Nach einem akuten Nierenversagen stehen theoretisch zwei Therapiealternativen zur Verfügung: Dialyse (3×/Woche) sowie – je nach Verfügbarkeit eines Spenderorgans – eine Nierentransplantation. Über einen Zeitraum von 10 Jahren beträgt die Lebensqualität eines Dialyse-Patienten konstant 0,6. Ein Patient, welcher eine neue Niere erhält, hat aufgrund der Operation im ersten Jahr eine Lebensqualität von nur 0,3; in den darauffolgenden 9 Jahren liegt diese jedoch bei 0,8. Gehen Sie davon aus, dass sich die Lebenserwartung zwischen beiden Patientengruppen nicht aufgrund der Therapien unterscheidet. Skizzieren Sie zunächst eine Graphik mit beiden Nutzenverläufen über einen Zeitraum von 10 Jahren. Berechnen Sie dann die durch die Transplantation gewonnenen QALY. Unterstellen Sie dabei eine Diskontrate von 0 % und führen Sie Kalkulation nochmals mit einer Diskontrate in Höhe von 5 % p.a. durch.

c) Einer Studie zufolge lässt sich mithilfe eines Medikamentes X ein Schlaganfall eines durchschnittlich 65-jährigen Hypertonie-Patienten verhindern. Das Auftreten eines Schlaganfalls reduziert die durchschnittliche Lebenserwartung eines solchen Patienten um 5 Jahre. Ohne Schlaganfall beträgt die Lebenserwartung durchschnittlich das Doppelte. Grundsätzliche haben Hypertonie-Patienten eine durchschnittliche Lebensqualität von 0,8, Patienten, die einen Schlaganfall erlebt haben, von dauerhaft 0,5. Skizzieren Sie zunächst eine QALY-Graphik. Berechnen Sie dann den QALY-Zuwachs eines durchschnittlichen Hypertonie-

Patienten, der das Medikament X, einnimmt im Vergleich zu einem Schlaganfallpatienten. Unterstellen Sie dabei eine Diskontrate von 0 % und führen Sie Kalkulation nochmals mit einer Diskontrate in Höhe von 5 % p.a. durch.

d) Nehmen Sie an, dass Sie mithilfe eines Präparates einen dreimonatigen Krankenhausaufenthalt vermeiden können, welcher die Lebensqualität eines Patienten von 0,9 auf 0,6 innerhalb dieses Zeitraums reduziert. Skizzieren Sie den „QALY-Gewinn" durch dieses Präparat anhand einer Graphik und führen Sie die anschließende Kalkulation mit einer Diskontrate von in Höhe 0 bzw. 5 % p.a. durch.

e) Mithilfe eines Darmkrebs-Screenings besteht die Möglichkeit, ein kolorektales Karzinom im Durchschnitt ein Jahr bevor die ersten Symptome bei den Patienten auftreten zu diagnostizieren. Aufgrund der sofort eingesetzten Therapie überleben diese Patienten in der Altersgruppe x nach Abschluss der Therapie im Durchschnitt 10 statt 7 Jahre im Vergleich zu Patienten derselben Altersgruppe, bei denen der Therapiebeginn erst ein Jahr später erfolgt. Bei beiden Patientenkohorten (mit und ohne Darmkrebs-Screening) dauert die Therapie jeweils vier Jahre, wobei die Lebensqualität währenddessen durchschnittlich 0,3 beträgt. Vor- und nach der Therapie wird angenommen, dass die Patienten eine Lebensqualität von im Durchschnitt 0,9 haben. Skizzieren Sie die beiden Nutzenverläufe ab dem Zeitpunkt der einsetzenden Therapie der Screening-Kohorte. Berechnen Sie dann die QALYs beider Alternativen. Unterstellen Sie dabei eine Diskontrate von 0 % und führen Sie Kalkulation nochmals mit einer Diskontrate in Höhe von 5 % p.a. durch.

f) Im Laufe von 52 Wochen wurde die Lebensqualität von zwei Patientenkohorten mit einer chronischen Erkrankung, welche jeweils unterschiedliche Medikationen erhalten haben, ermittelt. Die Erhebung erfolgte jeweils in verschiedenen Wochen-Abständen (siehe folgende Tabelle):

Lebensqualität	**Baseline**	**Woche 10**	**Woche 24**	**Woche 36**	**Woche 52**
Alternative 1	0,4	0,6	0,8	0,7	0,6
Alternative 2	0,4	0,5	0,7	0,8	0,8

Stellen Sie die Lebensqualitätsverläufe beider Therapiemöglichkeiten graphisch dar und ermitteln Sie die gewonnen QALYs je Patient. Welche Therapie führt über die Zeit insgesamt zu einer höheren Lebensqualität?

3.2 Inkrementelle Kosteneffektivität

3.2.1 Osteoporose

Osteoporose (Knochenschwund) ist charakterisiert durch eine Verminderung von Knochenmasse, die zu einer Zerstörung der Mikrostruktur des Knochens führt. Folgen sind Brüche u. a. an Hüfte und Wirbelsäule, die zu einer erheblichen Verringerung der Lebensqualität führen.

Auf dem Markt existieren bereits Medikamente, die das Leid der Betroffenen verringern. In einer klinischen Studie zeigte sich, dass die Standardmedikation „OsteoS" zu einem QALY-Zuwachs von 0,15 führt im Vergleich zu einem Placebo. Die Kosten für dieses Präparat belaufen sich auf 5.000 Euro.

Nehmen wir an, es ist ein neues Medikament „OsteoN" auf den Markt gekommen, welches die Lebensqualität der Betroffenen weiter verbessern kann. Ausgedrückt in QALYs ist die Effektivität sogar um 0,2 besser als das Placebo-Präparat. Die Kosten dafür belaufen sich dafür auf 10.000 Euro.

Aufgaben:
a) Berechnen die inkrementelle Kosteneffektivität für „OsteoN".
b) Nehmen wir an, die Gesetzliche Krankenversicherung (GKV) in Deutschland erstattet nur Medikamente, die höchstens 50.000 Euro pro zusätzliches QALY kosten. Wie teuer darf „OsteoN" maximal sein, damit die GKV die Kosten übernimmt?

3.2.2 *Darmkrebs-Screening-Programm*

Mit Hilfe einer Darmspiegelung können Darmkrebs-Fälle zumeist früh erkannt werden. Die Wahrscheinlichkeit, dass anhand der Spiegelung Erkrankte identifiziert werden, liegt angenommen stets bei 88 %. Außerdem gilt die Annahme, dass alle positiv getesteten Personen wirklich an Darmkrebs erkrankt sind. In dieser Hinsicht weißt der Test also keine Fehler auf.

Die Kosten pro Untersuchung betragen 50 Euro. Die Prävalenz der Darmkrebs-Erkrankung bei über 40-jährigen liegt bei 5 %.

In einem Bundesland wird vorgeschlagen, ein großes Projekt mit dem Namen „Screening Darmkrebs" zu initiieren. Dabei fordert der zuständige Gesundheitsminister, dass innerhalb des Kollektives alle Darmkrebsfälle (>99,99 %) identifiziert werden sollen. 100.000 Bürgerinnen und Bürger ab dem 40. Lebensjahr aus verschiedenen Kommunen des Bundeslandes sollen an dem Projekt teilnehmen.

Aufgaben:
Sie werden nun damit beauftragt, den Vorschlag im Vorhinein aus gesundheitsökonomischer Sicht zu bewerten und eine Kosteneffektivitäts-Studie aus den vorliegenden Daten anzufertigen. Folgende Fragen sind dabei von Interesse:

Wie häufig müsste der Test in dieser Kohorte durchgeführt werden, damit die Forderung des Gesundheitsministers erfüllt wird?

Wie hoch liegen dabei die durchschnittlichen und marginalen Kosten je Screening-Programm?

Berechnen Sie zudem die jeweilige inkrementelle Kosteneffektivität (ICER) „Kosten pro identifizierten Fall". Runden Sie Ihre Ergebnisse jeweils auf zwei Stellen nach dem Komma. Verdeutlichen Sie Ihre Lösung anhand einer Graphik, indem Sie die Kosten auf der Ordinate und die identifizierten Fälle auf der Abszisse darstellen.

Vorlage:

	Kohorte	Darmkrebs-Fälle in Kohorte	Identifizierte Darmkrebs-Fälle	Identifizierte Fälle kumuliert	Unentdeckte Fälle
1. Screening					
2. Screening					
3. Screening					
4. Screening					
5. Screening					

	Gesamtkosten pro Screening	Gesamtkosten kumuliert	Durchschnitts-kosten pro identifizierten Fall	ICER
1. Screening				
2. Screening				
3. Screening				
4. Screening				
5. Screening				

Gehen Sie außerdem auf folgende Aussage des Gesundheitsministers ein und nehmen Sie kritisch dazu Stellung: „Wenn die durchschnittlichen Kosten des Screening für die gesamte Kohorte unter 5.000 Euro pro identifizierten Fall liegen, dann ist es sinnvoll, solange zu screenen, bis alle Fälle identifiziert sind."

3.2.3 AIDS

AIDS („Acquired Immune Deficiency Syndrome") ist eine durch HIV ausgelöste Schwächung des Immunsystems. AIDS macht somit den Körper wehrlos gegen viele Krankheitserreger, die ein gesunder Mensch problemlos abwehren kann.

Auf dem Markt wurden vor kurzem zwei neue Medikamente (Anti-Y und Anti-Z) vorgestellt, welche laut Herstellerangaben positive Effekte auf Lebenszeit und Lebensqualität der AIDS-Patienten haben (berechnet in Form von QALYs).

Auf dem Markt existieren seit langem bereits das patentfreie Präparat Anti-A, welches als Standardmedikation eingesetzt wird, sowie das patentgeschützte Präparat Anti-X.

Folgende Informationen zur Medikation liegen laut der klinischen Studien vor (fiktive Zahlen):

Gewonnene QALYs im Laufe eines halben Jahres:

Medikation	Anti-A	Anti-X	Anti-Y	Anti-Z
Gewonnene QALY	0,2	0,3	0,4	0,25

Das Anti-Z-Präparat kostet 13.000 Euro und das Arzneimittel Anti-Y 15.000 Euro über sechs Monate. Das bereits existierende Anti-X-Präparat kostet 12.000 Euro pro Halbjahr. Anti-A ist am günstigsten. Die Medikationskosten für ein halbes Jahr belaufen sich auf 5.000 Euro.

Aufgaben:

a) Ermitteln Sie die inkrementelle Kosteneffektivität (ICER) der Alternativen. Bewerten Sie auch die bereits bestehenden Alternativen. Der Zeithorizont beträgt ein halbes Jahr. Liegen Dominanzen vor? Erläutern und bewerten Sie ihre Ergebnisse kurz.

b) Verdeutlichen Sie ihre Ergebnisse, indem Sie Kosten (Ordinate) und Effektivität (Abszisse) der Alternativen graphisch darstellen. Bitte erläutern Sie Ihre graphischen Ergebnisse kurz.

3.2.4 Demenz

Auf dem Markt gibt es seit neustem ein Medikament X, welches die Progression der Demenz vom Typ Alzheimer verlangsamen kann. Folgende Informationen zur Medikation und der Erkrankung liegen vor:

Der Schweregrad der Demenz kann in den klinischen Studien mit Hilfe des MMS (Mini-Mental-Status) -Tests gemessen werden (30 Punkte=nicht dement; 15 Punkte=mittelschwer dement; 0 Punkte=völlig dement). Die Tabelle gibt einen Überblick der Ergebnisse aus zwei randomisierten-doppelblinden Studien (fiktive Zahlen):

Mittlere Veränderungen des MMS-Wertes in den verschiedenen Patientengruppen in 52 Wochen:

Medikation	Placebo	Medikament X in der Dosierung ...		
		60 mg	90 mg	180 mg
Studie 1	−1,69	−1,59	−1,54	−1,32
Studie 2	−2,25	−1,91	−1,82	−1,41

Die demenzspezifischen Kranken- und Pflegekosten lassen sich wie folgt beziffern (fiktive Zahlen):

MMS-Wert	Kosten pro Jahr in Euro
21 bis unter 26	3.950
16 bis unter 21	4.500
11 bis unter 16	5.900
0 bis unter 11	10.000

Das Medikament X in der 60 mg-Dosierung kostet 110 Euro pro Halbjahr. Das 90 mg-Präparat kostet 100 Euro und das 180 mg-Medikament kostet 150 Euro, jeweils für ein halbes Jahr. Die Kosten des Placebos sind vernachlässigbar.

Aufgaben:

a) Ermitteln Sie die inkrementelle Kosteneffektivität (ICER) der Alternativen mit den klinischen Informationen aus der Studie 1. Der Zeithorizont beträgt ein Jahr. Betrachten Sie dabei nur die Kosten der Medikation, nicht die Kranken- und Pflegekosten. Erstellen Sie dazu eine Tabelle. Gehen Sie zudem auf folgende Fragestellungen ein:

1. Liegt eine (erweiterte) Dominanz vor?
2. Auf Basis der Ergebnisse aus Studie 1, welche Empfehlung geben Sie?

b) Verdeutlichen Sie ihre Ergebnisse aus Aufgabenteil a), indem Sie Kosten (Ordinate) und Effektivität (Abszisse) der Alternativen graphisch darstellen (Erläuterung). Gehen Sie davon aus, dass der Proband ursprünglich einen MMS-Punktwert in Höhe von 15 hat.

c) Inwiefern ändern sich die Ergebnisse, wenn Sie wiederum eine Tabelle mit den klinischen Informationen aus Studie 2 erstellen?

d) Ermitteln Sie den Barwert der Kosten (Medikations- und Behandlungs-/ Pflegekosten) für die Behandlungsalternativen Placebo und Medikament X in der 180 mg-Dosierung über sechs Jahre ausgehend von einem Patienten mit einem MMS-Wert von 24. Führen Sie die Berechnungen mit einem Diskontsatz von a) 0 % p.a., b) 5 % p.a. und c) 10 % p.a. durch. Runden Sie Ihre Ergebnisse jeweils auf zwei Stellen nach dem Komma. Nutzen Sie die klinischen Daten aus Studie 1. Folgende Annahmen sind zudem gegeben:

1. die Präparate bleiben über die Zeit in ihrer Effektivität unverändert
2. die Diskontierung erfolgt einmal jährlich

Wie hoch muss die restliche Lebenserwartung des Patienten mindestens sein, damit sich eine Behandlung mit dem Medikament X (180 mg) aus reinen Kostengesichtspunkten lohnt?

3.3 Entscheidungsbäume

3.3.1 Fahrkarte kaufen oder Schwarzfahren?

Sie stehen vor der Entscheidung, eine Fahrkarte für eine Straßenbahnfahrt in Hannover zu lösen oder stattdessen „schwarz" zu fahren. Ein Ticket für eine einfache Fahrt würde Sie 2,00 Euro kosten. Falls Sie ohne Ticket in der Bahn erwischt werden, kostet Sie das 40 Euro Bußgeld. Ein Freund sagte Ihnen, dass man in Hannover durchschnittlich nur bei einer von 50 Bahnfahrten kontrolliert wird.

Aufgaben:

a) Entwickeln Sie einen Entscheidungsbaum. Gesetzt den Fall Sie handeln rational und sind risikoneutral, würden sie „Schwarzfahren" oder sich ein Ticket kaufen?

b) Durch Zufall bekommen Sie mit, dass an dem Wochenende, an dem Sie mit der Bahn fahren wollen, verstärkt Ihre Bahnstrecke kontrolliert wird. Die Wahrscheinlichkeit, einem Kontrolleur zu begegnen, erhöht sich damit auf 10 %. Würden Sie sich jetzt ein Ticket kaufen?

c) Ausgehend von der originären Aufgabenstellung: wie hoch müsste das Bußgeld sein, damit Sie indifferent zwischen „Schwarzfahren" und Ticket kaufen wären?

d) Bei 40 Euro Bußgeld und einer Wahrscheinlichkeit von 5 % „erwischt" zu werden, wie würden Sie dann entscheiden? Ist die Entscheidung im Alltag realistisch? Diskutieren Sie dazu die Annahmen des Modells.

3.3.2   *Behandlung versus Abwarten*

Stellen wir uns folgenden fiktiven Fall vor:

Patienten mit einem bestimmten Symptom S (welches an sich mit keiner Lebensqualitätseinschränkung verbunden ist) bekommen in 40 % der Fälle eine schwere Krankheit K, die – falls man das Symptom S von Beginn an nicht behandelt – in 70 % der Fälle zum Tod führt. Falls das Symptom sofort nach Auftreten behandelt wird und es zum Auftreten der Krankheit K kommt, überleben 60 % der Patienten. 60 % der Patienten mit diesem Symptom erkrankten jedoch nicht an K. Wenn diese jedoch behandelt werden, überleben nur 70 %, ohne Behandlung sind die Überlebenschancen 90 %. Ein Test, um festzustellen, ob die Krankheit K auftreten wird oder nicht, ist bislang noch nicht entwickelt worden. Ein Arzt steht nun vor der Entscheidung, einen Patienten mit Symptom S zu behandeln oder abzuwarten.

Aufgaben:
a) Entwickeln Sie einen Entscheidungsbaum und versehen Sie die Äste mit den jeweiligen Wahrscheinlichkeiten.

b) „Leben" sei mit der Effektivität von 1 und „Tod" mit der Effektivität von 0 bewertet. Welche Effektivität haben die beiden Strategien jeweils? Wie fällt die Entscheidung aus, wenn Sie nur das Effektivitätskriterium als Entscheidungsgrundlage nutzen?

c) Führen Sie eine 1-Weg-Sensitivitätsanalyse graphisch durch, in dem Sie die Prävalenz der Erkrankung K, gegeben Symptom S, zwischen 0 und 100 % variieren. Zeichnen Sie dazu ein Diagramm, wobei die Prävalenz an der Abszisse und der Erwartungswert/Effektivität der jeweiligen Behandlung an der Ordinate abgetragen werden soll. Wie würde sich die Entscheidung ändern, wenn die Prävalenz der Krankheit, gegeben Symptom S, höher wäre?

3.3.3   *Der Perfekte Test*

Gehen Sie von der Aufgabenstellung in Kap. 3.3.2 aus. Nehmen Sie an, es gäbe einen perfekten Test, mit dem man eindeutig bestimmen könnte, ob das Symptom S zur Krankheit K führt oder nicht.

Aufgaben:

a) Entwickeln Sie einen Entscheidungsbaum unter Berücksichtigung der neuen Alternative.

b) Welche Strategie sollte nun verfolgt werden?

c) Führen Sie eine 1-Weg-Sensitivitätsanalyse graphisch durch. Variieren Sie wiederum die Prävalenz von K, gegeben Symptom S. Welche Entscheidung treffen Sie bei 0 bzw. 100 % Prävalenz?

3.3.4 Fruchtwasseruntersuchung

Paare mit einer bestimmten genetischen Kombination haben eine erhöhte Wahrscheinlichkeit (40 %) ein Kind mit einem Herzfehler zu bekommen. Es gibt Medikamente, die noch während der Schwangerschaft verabreicht werden müssen, welche einen möglichen Herzfehler (und damit eine Fehlgeburt bzw. frühes Sterben des Kindes) zu 90 % verhindern können. Ohne Behandlung kommt es bei 60 % der Schwangeren zu einer Fehlgeburt bzw. Sterben des Kindes in den ersten Wochen nach der Geburt. Jedoch führen diese Medikamente bei Föten, die keinen Herzfehler entwickelt hätten, zu einer Überfunktion des Herzens. In 25 % dieser Fälle kommt es deshalb zu einer Fehlgeburt. Sonst wird angenommen, dass 99,9 % der Babys ohne Herzfehler (und ohne medikamentöse Behandlung) gesund zur Welt kommen.

Mithilfe einer Fruchtwasseruntersuchung ist es möglich, zu 100 % festzustellen, ob das ungeborene Kind einen solchen Herzfehler entwickeln wird. Je nachdem wie das Ergebnis ausfällt, kann dementsprechend eine medikamentöse Behandlung erfolgen oder nicht. In 2 % der Fälle kommt es jedoch durch die Fruchtwasseruntersuchung zu einer Fehlgeburt.

Nehmen Sie für die folgenden Aufgaben an, dass die Paare bereits wissen, dass ihre genetische Kombination einen Herzfehler des Kindes bedingen kann.

Aufgaben:

a) Konstruieren Sie einen Entscheidungsbaum mit den drei Strategien („Test" und dann ggf. behandeln, „Behandeln", „Abwarten"), und versehen Sie die Äste mit den entsprechenden Wahrscheinlichkeiten. „Leben" wird wiederum mit 1 bewertet, eine Fehlgeburt bzw. frühes Versterben mit 0.

b) Gegeben der Wahrscheinlichkeiten, welche Strategie scheint mit dem geringsten Risiko verbunden zu sein?

c) Wie hoch müsste die Letalität des Tests sein, damit ein risikoneutraler Entscheider indifferent zwischen „testen" und der Alternative „sofort behandeln" wäre?

d) Wenn die Fruchtwasseruntersuchung neben der Letalität von 2 % nur eine Sensitivität von 90 % und eine Spezifität von 80 % aufweisen würde, welche Strategie wäre dann empfehlenswert? Zeichnen Sie dazu wiederum einen neuen Entscheidungsbaum. Führen Sie eine 1-Weg-Sensitivitätsanalyse graphisch durch. Variieren Sie die Prävalenz. Welche Strategie ist bei welchem Prävalenzwert gegeben der Annahmen zu empfehlen?

3.3.5 *Streptokokken*

Streptokokken sind bestimmte Bakterien, die schwere Erkrankungen bei Menschen verursachen können. Falls diese Bakterien nicht rechtzeitig durch spezielle Antibiotika bekämpft werden, kann es beispielsweise zu einer Sepsis (Blutvergiftung) kommen. Vorboten einer solchen Erkrankung sind die Symptome S. Bei Personen mit solchen Symptomen ist die Erkrankung in 30 % der Fälle auf Streptokokken zurückzuführen. Der Arzt bzw. die Ärztin steht somit vor der Entscheidung, entweder ein spezielles Antibiotikum (Anti-B), welches Komplikationen (z. B. eine Sepsis) verhindert, jedoch häufig zu Nebenwirkungen führt, zu verschreiben oder ein Standardantibiotikum (Anti-A), welches die Symptome i. d. R. lindert (was bei einer normalen nicht streptokokken-bedingten Erkrankung ausreichend ist), jedoch die Streptokokken nicht bekämpfen kann.

Es existiert zudem ein Test, mit dem man feststellen kann, ob eine Erkrankung vorliegt oder nicht. Da es sich bei diesem Test um einen Bluttest handelt, ist die Sensitivität sowie Spezifität mit 0,95 und 0,9 vergleichsweise hoch. Bei positivem Testergebnis wird sofort das spezielle Antibiotikum verabreicht.

Folgende Wahrscheinlichkeiten und Lebensqualitätswerte liegen Ihnen zudem vor:

	Anti-A	Anti-B
P(Sepsis | K+)	0,7	0,01
P(Nebenwirkung | K+)	0,0	0,1
P(Sepsis | K–)	0,0	0,0
P(Nebenwirkung | K–)	0,01	0,3
Lebensqualität (Sepsis)	0,4	0,4
Lebensqualität (Nebenwirkung)	0,8	0,8
Lebensqualität (ohne Komplikation)	0,9	0,9

Weitere Annahme: Eine Nebenwirkung sowie eine Sepsis können nicht gleichzeitig auftreten.

Aufgaben:

a) Konstruieren Sie einen Entscheidungsbaum mit den drei Strategien („Test" und dann ggf. behandeln, „Anti-A", „Anti-B"), und versehen Sie die Äste mit den entsprechenden Wahrscheinlichkeiten.

b) Welche Strategie hat gegeben der Annahmen den höchsten Erwartungswert in Bezug auf die Lebensqualität?

c) Inwiefern ändert sich die Darstellung des Entscheidungsbaums, wenn Sie statt Sensitivität und Spezifität den positiven bzw. negativen prädiktiven Wert vorgegeben hätten?

3.3.6   Osteoporose

Folgende Aufgabe wird Ihnen zugetragen: Sie sollen ermitteln, welche Kosteneffektivität das neue orale Präparat „Nixbruch" hat, welches laut Herstellerbeschreibung die Wahrscheinlichkeit neu auftretender Knochenbrüche deutlich im Vergleich zum oralen Standardpräparat „Calcitop" verringert.

Laut klinischer Langzeitstudie (Zeitraum: 1 Jahr) treten bei richtiger Anwendung von „Nixbruch" bei nur 2 von 10 Patientinnen mit schwerer, manifester Osteoporose weitere Knochenbrüche auf, beim Standardpräparat „Calcitop" hingegen bei 30 % der Fälle. Zum Ende der Studienperiode zeigte sich jedoch bei „Nixbruch", dass 10 % der Patientinnen durch die Medikation gravierende Magenprobleme bekommen haben, wobei die Hälfte davon stationär behandelt werden musste. Die Patientinnen im „Calcitop"-Arm klagten in nur 5 % der Fälle über Magenbeschwerden. Hiervon musste wiederum die Hälfte im Krankenhaus stationär behandelt werden. Die Magenprobleme traten unabhängig davon auf, ob sich während der Therapie ein Bruch ereignet hat.

Die Kosten für das Präparat „Nixbruch" belaufen sich für ein Jahr auf 1.600 Euro und die Kosten für „Calcitop" auf 1.000 Euro. Weitere wichtige 1-Jahres-Daten sind in der unten stehenden Tabelle zu finden.

Kosten: Behandlung von Magenbeschwerden **(ohne stat. Aufenthalt)**	300 Euro
Kosten: Behandlung von Magenbeschwerden **(mit stat. Aufenthalt)**	2.000 Euro
Kosten: Behandlung eines Knochenbruchs **(inkl. Krankengymnastik etc.)**	1.500 Euro
QALY: ohne Knochenbruch, **ohne Magenschmerzen**	0,9
QALY: ohne Knochenbruch, **mit Magenschmerzen (ohne stat. Aufenthalt)**	0,8
QALY: ohne Knochenbruch, **mit Magenschmerzen (mit stat. Aufenthalt)**	0,7
QALY: mit Knochenbruch, **ohne Magenschmerzen**	0,75
QALY: mit Knochenbruch, **mit Magenschmerzen (ohne stat. Aufenthalt)**	0,6
QALY: mit Knochenbruch, **mit Magenschmerzen (mit stat. Aufenthalt)**	0,5

Aufgaben:

a) Konstruieren Sie einen Entscheidungsbaum und versehen Sie die Äste mit den entsprechenden Wahrscheinlichkeiten.

b) Ermitteln Sie die erwartete Effektivität (Lebensqualität als Endpunkt) beider Behandlungsmethoden (Zeitraum: 1 Jahr).

c) Wie hoch sind die erwarteten Kosten der Therapien (inkl. Kosten für Knochenbrüche und Nebenwirkungen)? (Zeitraum: 1 Jahr)
d) Wie hoch ist die Kosteneffektivität von „Nixbruch"? (Zeitraum: 1 Jahr)

3.3.7 Organtransplantation

Nach einer Organtransplantation müssen die Patienten lebenslang Medikamente
einnehmen (so genannte Immunsuppressiva), die eine Abstoßung des Organs verhindern bzw. verzögern sollen. Nehmen Sie bitte an, es kommt ein neues Immun-
suppressivum auf den Markt. Es soll eine Kosteneffektivitäts-Studie auf Basis
eines entscheidungsanalytischen Modells durchgeführt werden. Effektivitätskriterium ist die Mortalität in drei Jahren. Folgende Drei-Jahresdaten stehen Ihnen zu
Verfügung:

	Bisherige Therapie	Neue Therapie
Kosten der Immunsuppression	30.000 €	40.000 €
Kosten Todesfall (Intensivstation, Pflege etc.)	10.000 €	10.000 €
Kosten neuer Transplantation (Re-Tx) nach Abstoßung	100.000 €	100.000 €
Kosten nach Abstoßung ohne (weitere) Re-Tx (unabhängig vom weiteren Krankheits-verlauf)	20.000 €	20.000 €
Abstoßungsrate	30%	20%
Mortalität nach Abstoßung (ohne (weitere) Re-Tx)	10%	10%
Mortalität ohne Abstoßung	1%	1%
Wahrscheinlichkeit, ein neues Organ nach Abstoßung zu erhalten	50%	50%

Folgende zusätzliche Annahmen gelten:

- Eventuelle Nebenwirkungen werden nicht berücksichtigt (z. B. höhere Krebs-
  inzidenz)
- Kosten für die jeweilige Therapie fallen einmalig am Anfang innerhalb des Drei-
  Jahres-Zeitraums an
- Sobald einmal eine Therapie gewählt wurde, kann nicht mehr zu der alternativen
  Therapie gewechselt werden
- Insgesamt können höchstens zwei Transplantationen (also nur ein Re-Tx) je Pa-
  tient erfolgen

Aufgaben:

a) Entwickeln Sie aus den genannten Daten einen Entscheidungsbaum und versehen Sie die Äste mit den jeweiligen Wahrscheinlichkeiten.

b) Wie hoch ist die Effektivität, wenn Sie „Leben" mit 1 und „Tod" mit 0 Punkten bewerten?

c) Wie hoch sind die erwarteten Kosten der beiden Alternativen?

d) Ermitteln Sie das inkrementelle Kosteneffektivitäts-Verhältnis (ICER).

3.4 Markov-Modelle

3.4.1 Akute Erkrankung

Nehmen wir an, es gibt eine akute Erkrankung A und eine chronische Erkrankung C.

Die Wahrscheinlichkeit, an A zu erkranken, liegt in jedem Zyklus bei 18 %. Von den an A erkrankten Personen gesundet in jedem Zyklus die Hälfte. Die normale Sterbewahrscheinlichkeit liegt bei 2 %; jedoch ist sie erhöht (20 %), wenn man an A erkrankt ist.

Die Wahrscheinlichkeit, an C zu erkranken, liegt in jedem Zyklus bei 10 %. Die normale Sterbewahrscheinlichkeit liegt bei 2 %; jedoch ist sie erhöht (20 %), wenn man an C erkrankt ist.

Aufgaben:

a) Entwickeln Sie aus den genannten Daten zwei Markov-Modelle, indem Sie jeweils für die Erkrankung A und C ein „Blubber-Diagramm" zeichnen. Versehen Sie die Diagramme mit Übergangswahrscheinlichkeiten.

b) Gehen Sie jeweils von einer Kohorte von zunächst 1.000 gesunden Probanden aus. Wie viele Probanden sind nach 5 Jahren in welchen Gesundheitszuständen? Führen Sie die Berechnungen für beide Modelle durch. (Führen Sie Ihre Berechnungen mit zwei Stellen nach dem Komma durch.)

3.4.2 Chemotherapie

Auf dem Markt existieren zwei verschiedene Medikationen, „Chemo 1" und „Chemo 2", zur Durchführung einer Chemotherapie. Diese werden u. a. zur Behandlung von Tumorpatienten genutzt. Folgende Informationen stehen Ihnen zur Verfügung:

Nach beiden Chemotherapien werden 70 % der Patienten als „gesund" bezeichnet. 10 % der „Chemo 1"-Patienten und 8 % der „Chemo 2"-Patienten wiederholen die Chemotherapie direkt. Jedoch müssen auch 15 % der Patienten, die nach der „Chemo 1" zunächst als „gesund" bezeichnet werden, die Therapie wiederholen. Bei nur 1 % der „Chemo 2"-Patienten ist dies der Fall. Dies liegt daran, dass

„Chemo 2" einen wesentlich aggressiveren Wirkstoff enthält. Deshalb versterben jedoch auch 22 % der Patienten direkt nach der Chemotherapie. Weitere 7 % sterben an den Spätfolgen (inkl. natürlichem Tod), nachdem sie bereits gesundet waren. Bei „Chemo 1" sind die Mortalitätsraten geringer: 20 % sterben direkt nach der Therapie und 5 % an den Spätfolgen (inkl. natürlichem Tod).

Aufgaben:

a) Betrachten Sie eine Kohorte mit 1.000 Patienten, bei denen ein bösartiger Tumor festgestellt wurde. Bei allen soll eine Chemotherapie durchgeführt werden, jedoch versterben bereits 10 % vor Therapiebeginn. Erstellen Sie je ein Markov-Modell mit den drei Gesundheitszuständen „Chemo", „Tod" und „Gesund" für die beiden Behandlungsalternativen und beschriften Sie das Modell mit den dazugehörigen Wahrscheinlichkeiten.

b) Der behandelnde Arzt muss jetzt entscheiden, ob er die 1.000 Patienten eher mit „Chemo 1" oder mit „Chemo 2" behandeln soll. Er bittet Sie daher um Hilfe. Entscheidendes Ziel ist, die Zahl der Todesopfer nach drei Perioden zu minimieren. Auf Basis des Markov-Modells, welche Therapie raten Sie dem Arzt? (Runden Sie Ihre Ergebnisse jeweils auf zwei Stellen nach dem Komma.)

c) Welche Therapie würden Sie empfehlen, wenn der Arzt daran interessiert ist, die Lebensqualität (LQ) der Patienten über drei Perioden zu maximieren? Der Diskontsatz beträgt 5 % p.a. Gehen Sie dabei von folgenden Werten aus:

„Gesund": $LQ = 1$
„Tod": $LQ = 0$
„Chemo 1": $LQ = 0,4$
„Chemo 2": $LQ = 0,6$

3.4.3 „Pocky"

Stellen Sie sich vor, es existiert eine windpockenähnliche Erkrankung „Pocky". Sie ist höchst ansteckend, da die Viren auch über einige Meter in der Luft übertragen werden können. „Pocky" kann grundsätzlich nur einmal im Leben auftreten; sobald eine Person mit der Erkrankung infiziert wurde, tritt eine lebenslange Immunität ein.

Die Erkrankungswahrscheinlichkeit für Kinder beträgt im ersten Lebensjahr 5 %, in den beiden darauffolgenden Jahren jeweils 10 % und im 4. und 5. Lebensjahr 15 %. Ab dem Zeitpunkt $t = 6$, also mit Beginn des 6. Lebensjahres, sinkt die Erkrankungswahrscheinlichkeit wieder auf 10 %.

„Pocky" ist eigentlich eine harmlose Erkrankung. Man bekommt wie bei Windpocken Pusteln, welche einen unangenehmen Juckreiz zur Folge haben. Fieber ist ebenfalls ein typisches Symptom. Die allgemeine Mortalität wird durch „Pocky" nicht erhöht. Jedoch tritt bei einigen Kindern im Jahr, nachdem sie an „Pocky" erkrankt und die Kinder eigentlich schon wieder gesund sind, eine nachträgliche Komplikation auf. Dies ist bei Babys, die im ersten Lebensjahr an „Pocky" erkranken bei einem von 20 Fällen wahrscheinlich sowie bei älteren Babys und Kindern bei einem von 25 „Pocky"-Fällen. Wenn Komplikationen eintreten, erhöht sich die Sterbewahrscheinlichkeit auf 10 %. (Gehen Sie für die unten stehenden Aufgaben aus Vereinfachungsgründen davon aus, dass der Tod durch die Komplikation erst im nächsten Zyklus auftritt. Ein Zyklus dauert ein Jahr.)

Die allgemeine Mortalitätsrate in den ersten Lebensjahren (ohne Komplikationen durch „Pocky") ist in der folgenden Tabelle dargestellt:

0 - unter 1 Jahr	1 - unter 2 Jahren	2 - unter3 Jahren	3 - unter 4 Jahren
0,004271523	0,000360071	0,000182519	0,000169705
4 - unter 5 Jahren	5 - unter 6 Jahren	6 - unter 7 Jahren	7 - unter 8 Jahren
0,000148398	0,000131642	0,000110218	0,000104663
8 - unter 9 Jahren	9 - unter 10 Jahren		
0,000112004	0,000098772		

Gehen Sie von einer Kohorte von 100.000 Neugeborenen zum Zeitpunkt t=0 aus.

Aufgaben:
a) Zeichnen Sie zunächst ein „Blubber-Modell" für das oben beschriebene Beispiel mit den verschiedenen Gesundheitszuständen und entsprechenden Übergangspfeilen.
b) Wie viele Kinder sind bis zum Zeitpunkt t=10 an „Pocky" insgesamt erkrankt? Runden Sie Ihre Ergebnisse jeweils auf zwei Stellen nach dem Komma.
c) Wie viele Kinder sterben bis zum Zeitpunkt t=10? Wie viele Todesfälle sind indirekt (aufgrund von Komplikationen) auf „Pocky" zurückzuführen? Runden Sie Ihre Ergebnisse jeweils auf zwei Stellen nach dem Komma.

Teil II
Lösungen

Kapitel 4
Maßzahlen aus der Epidemiologie

4.1 Prävalenz und Inzidenz

4.1.1 Krebs

a) Da hier die Prävalenz nicht zu einem bestimmten Zeitpunkt, sondern innerhalb eines Zeitraums zu ermitteln ist, muss die Periodenprävalenz errechnet werden. Die Formel lautet:

$$\text{Periodenprävalenz} = \frac{\text{Anzahl der Fälle einer definierten Population in einem bestimmten Zeitraum}}{\text{Anzahl der Personen dieser Population in diesem Zeitraum}}$$

In diesem Beispiel beträgt die Periodenprävalenz damit 0,1 % oder alternativ 100 pro 100.000 Einwohner.

b) Die kumulative Inzidenz wird wie folgt errechnet:

$$\text{kumulative Inzidenz} = \frac{\text{Anzahl neuer Krankheitsfälle in einer def. Population in einem bestimmten Zeitraum}}{\text{Anzahl der Personen mit Erkrankungsrisiko dieser Population zu Beginn diesen Zeitraumes}}$$

Die kumulative Inzidenz beträgt damit 0,04004 % (20/49.950) bzw. rund 40 je 100.000 Einwohner.

4.1.2 Diabetes mellitus Typ II

a) Da hier jeweils nach der Prävalenz zu einem bestimmten Zeitpunkt gefragt ist, muss die Punktprävalenz ermittelt werden. Sie ist wie folgt definiert:

A. Prenzler et al., *Übungen zu Public Health und Gesundheitsökonomie*,
DOI 10.1007/978-3-642-13505-7_4, © Springer-Verlag Berlin Heidelberg 2010

$$\text{Punktprävalenz} = \frac{\text{Anzahl der Fälle einer definierten Population zu einem bestimmten Zeitpunkt}}{\text{Anzahl der Personen dieser Population zu diesem Zeitpunkt}}$$

Damit beträgt die Punktprävalenz zum 01.01.2008 5 % bzw. 50 Fälle pro 1.000 Einwohner (2.500/50.000).

Zum 31.12.2008 ist die Punktprävalenz hingegen leicht gestiegen, da mehr Menschen an Diabetes mellitus Typ II neu erkrankt als gestorben und mehr Personen mit der Erkrankung zu- als fortgezogen sind. Die gesamte Population (in diesem Fall der Nenner) ist laut Aufgabenstellung konstant geblieben. Die Punktprävalenz beträgt damit 5,22 % bzw. 52,2 Fälle pro 1.000 Einwohner (2.610/50.000).

b) Die Periodenprävalenz wird durch folgende Formel definiert:

$$\text{Periodenprävalenz} = \frac{\text{Anzahl der Fälle einer definierten Population in einem bestimmten Zeitraum}}{\text{Anzahl der Personen dieser Population in diesem Zeitraum}}$$

In diesem Beispiel werden alle im Jahr 2008 an Diabetes mellitus Typ II erkrankten Personen im Zähler berücksichtigt und addiert. Dieser Schritt wird unabhängig von einer eigentlichen Verringerung der Personen im Zähler durchgeführt (Tod, Wegzug etc.): 2.500 erkrankte Personen + Zuzug von 30 erkrankten Personen + 200 neu identifizierte Fälle = 2.730 erkrankte Personen.

Im Ergebnis beträgt die Prävalenz für das Jahr 2008 in dieser Kommune 5,46 % bzw. 54,6 Fälle je 1.000 Einwohner (2.730/50.000).

4.1.3   Krankheit XY

a) Zum 1.1.2009 beträgt der Zähler der Prävalenz 7 und zum 31.12.2009 5.
b) Der Zähler der Periodenprävalenz beträgt 10.
c) Der Zähler für die Berechnung der Inzidenz beträgt 3.

4.1.4   Gebärmutterhalskrebs

Die kumulative Inzidenz wird durch folgende Formel ausgedrückt:

$$\text{kumulative Inzidenz} = \frac{\text{Anzahl neuer Krankheitsfälle in einer def. Population in einem bestimmten Zeitraum}}{\text{Anzahl der Personen mit Erkrankungsrisiko dieser Population zu Beginn diesen Zeitraumes}}$$

Im Zeitraum 2008 erkrankten 60 Frauen neu an dem Krebs. Personen mit Erkrankungsrisiko können nur Frauen sein, die nicht bereits an Gebärmutterkrebs leiden. Dadurch ergibt sich eine kumulative Inzidenz von 12 pro 100.000 Frauen (60/499.915).

4.1.5 Osteoporosebedingte Frakturen

a) Die Inzidenzrate wird mithilfe folgender Formel errechnet:

$$\text{Inzidenzrate} = \frac{\text{Anzahl neuer Krankheitsfälle in einer def.}}{\text{Personenzeit der Personen mit Erkrankungsrisiko in der Population in diesem Zeitraum}}$$

In diesem Beispiel beträgt die Inzidenzrate 3:36, welches 0,0833 pro Jahr bzw. 8,3 pro 100 Personenjahre entspricht. Mit anderen Worten bedeutet dies, dass von 100 Patientinnen mit schwerer, manifester Osteoporose durchschnittlich ca. 8 Patientinnen innerhalb eines Jahres eine Hüftfraktur erleiden.

b) Häufig ist es nicht möglich, alle Personen unter Risiko über die gesamte Studienzeit zu beobachten. Gründe für das Ausscheiden sind beispielsweise Tod oder Wegzug. Die Inzidenzrate wird daher verwendet, um die Fluktuation in der Population zu berücksichtigen, da der Nenner die Summe der Zeiträume enthält, in denen jede einzelne Person unter dem Erkrankungsrisiko stand.

Bei geringem Krankheitsrisiko sowie bei geringer Fluktuation unterscheiden sich die Werte der Inzidenzrate und kumulativen Inzidenz kaum.

4.1.6 Beziehung zwischen Inzidenz und Prävalenz

a) Prävalenz und Inzidenz hängen wie folgt zusammen:

$$\text{Prävalenz} = \text{Inzidenz} \cdot \text{Krankheitsdauer}$$

Bedingung für die Richtigkeit der Formel ist jedoch, dass ein Fließgleichgewicht besteht und Zu- und Abwanderung sich die Waage halten.

b) Die Inzidenz kann als ein Maß für das Erkrankungsrisiko genutzt werden. Da die Prävalenz auch von der Dauer der Krankheit abhängt (siehe Lösung a)), ist sie als Risikomaß nicht geeignet.

Betrachten wir folgendes Beispiel: In einem Industrieland leben prozentual mehr Menschen mit einer Nierenfunktionsstörung als in einem Entwicklungsland. Daraus kann man jedoch nicht schließen, dass das Erkrankungsrisiko in einem Industrieland größer ist als in einem Entwicklungsland. Schließlich ist nichts über die Dauer der Erkrankung bekannt. Es ist nämlich möglich

oder wahrscheinlich, dass die medizinische Versorgung in einem Industrieland besser ist und daher Menschen mit einer Nierenfunktionsstörung länger
mit ihrer Erkrankung, beispielsweise durch regelmäßige Dialyse, leben können. Durch die höhere Überlebenswahrscheinlichkeit steigt die Prävalenz der
Krankheit, obwohl die Inzidenz möglicherweise sogar geringer ist als in einem
Entwicklungsland.

4.2 Mortalität und Letalität

4.2.1 Gebärmutterhalskrebs

Die ursachenspezifische Mortalität ist definiert durch die Anzahl der Todesfälle
in einem bestimmten Zeitraum dividiert durch die durchschnittliche Bevölkerung
bzw. Population in diesem Zeitraum. Sie ergibt in dem vorliegenden Beispiel somit
0,00003 bzw. 3 pro 100.000 Frauen.

Hinweis: Falls nicht bekannt ist, wie hoch die durchschnittliche Bevölkerung in
diesem bestimmten Zeitraum, z. B. im Jahr 2008 war, kann vereinfachend auch die
Bevölkerungsanzahl zur Jahresmitte genutzt werden.

Die Letalität gibt an, wie „tödlich" eine Erkrankung ist. Sie ist definiert als:

$$\text{Letalität} = \frac{\text{Todesfälle aufgrund einer bestimmten Erkrankung in einem Zeitraum}}{\text{Anzahl der Erkrankten in diesem Zeitraum}}$$

In diesem Beispiel beträgt sie 10,34 % (15/145).

4.2.2 Bösartige Neubildungen

a) Mortalität: 783.659/31.618.752=0,0248=2,48 %
   Von 1.000 Erwachsen über 50 Jahren starben im Jahr 2007 ca. 25 Personen.
b) Ursachenspezifische Mortalität gesamt: 200.741/31.618.752=0,00635=0,635 %
   Im Jahr 2007 starben von 1.000 Erwachsenen über 50 Jahren ca. 6 aufgrund
   eines bösartigen Krebses.

   Ursachenspezifische Mortalität Männer: 107.892/14.436.356=0,00747=0,747 %
   Im Jahr 2007 starben von 1.000 Männern über 50 Jahren ca. 7 aufgrund eines bös-
   artigen Krebses.
   Ursachenspezifische Mortalität Frauen: 92.849/17.182.396=0,0054=0,54 % Im
   Jahr 2007 starben von 1.000 Frauen über 50 Jahren ca. 5 aufgrund eines bös-
   artigen Krebses.

c) Proportionale Mortalität gesamt: 200.741/783.659=0,2562=25,62 %
   Jeder 4. Erwachsene über 50 Jahren, der in 2007 starb, erlag einem Krebsleiden (ca. 250 von 1.000 Erwachsenen).

   Proportionale Mortalität Männer: 107.892/362.331=0,2978=29,78 %
   30 % der Männer, die in 2007 starben, erlagen einem Krebsleiden (ca. 300 von 1.000 Männern).
   Proportionale Mortalität Frauen: 92.849/421.328=0,2204=22,04 %
   22 % der Frauen, die in 2007 starben, erlagen einem Krebsleiden (ca. 220 von 1.000 Frauen).

d) Altersspezifische Mortalität Frauen: 127.279/8.959.010=0,0142=1,42 %
   In 2007 sind 14 von 1.000 Frauen zwischen dem 60. und 80. Lebensjahr gestorben.
e) In absoluten Zahlen starben in 2007 ab dem 80. Lebensjahr 4.726 Frauen an einem kolorektalen Karzinom, aber „lediglich" 2.544 Männer. Jedoch werden gleichzeitig deutlich mehr Frauen älter als 80 Jahre (2.723.015 versus 1.142.020), so dass es dementsprechend auch mehr Todesfälle in dieser Altersgruppe gibt. Von den Frauen (Männern) über 50 Jahren starben in 2007 0,053 % (0,059 %) an einem kolorektalen Karzinom, über dem 80. Lebensjahr waren es 0,17 % (0,22 %). Dieses Ergebnis zeigt, dass der Vergleich absoluter Todesfallzahlen zu Fehlinterpretationen führen kann.

4.3 Altersstandardisierung

4.3.1 Direkte Altersstandardisierung

Bei der direkten Altersstandardisierung wird errechnet, wie viele Sterbefälle in verschiedenen Orten/Regionen/Ländern zu erwarten wären, wenn unter Berücksichtigung der gegebenen altersspezifischen Mortalitätsraten die Bevölkerung in beiden Gebieten die gleiche Altersverteilung hätte. Als Vergleichspopulation eignet sich beispielsweise die Standardbevölkerung der Bundesrepublik.

Alter in Jahren	Standard-bevölkerung 1987	Bayern 2007				Berlin 2007			
		Population	Todes-fälle	Mortalität pro 100.000	Erwartete Todesfälle	Population	Todesfälle	Mortalität pro 100.000	Erwartete Todesfälle
0-20	17.639.099	2.554.296	859	33,63	5.932,03	571.512	198	34,64	6.110,18
20-40	23.843.887	3.223.189	1.840	57,09	13.612,48	997.363	519	52,04	12.408,36
40-60	20.561.705	3.708.023	11.139	300,40	61.767,36	1.027.903	3.589	349,16	71.793,25
60-80	13.005.366	2.442.748	43.974	1.800,19	234.121,30	674.655	12.789	1.895,64	246.534,92
über 80	2.668.283	576.391	60.620	10.517,17	280.627,86	136.192	13.885	10.195,17	272.035,99
Gesamt	77.718.340	12.504.647	118.432	947,10	596.061,03	3.407.625	30.980	909,14	608.882,70

Rohe Mortalität:

$$\text{Bayern: } 118.432/12.504.647 = 947{,}10 \text{ pro } 100.000 \text{ Einwohner}$$

$$\text{Berlin: } 30.980/3.407.625 = 909{,}14 \text{ pro } 100.000 \text{ Einwohner}$$

Altersstandardisierte Mortalität:

$$\text{Bayern: } 596.059{,}97/77.718.340 = 776{,}95 \text{ pro } 100.00 \text{ Einwohner}$$

$$\text{Berlin: } 608.881{,}69/77.718.340 = 783{,}45 \text{ pro } 100.00 \text{ Einwohner}$$

Ohne Berücksichtigung der Altersstruktur ergibt sich in Bayern eine höhere Mortalitätsrate als in Berlin. Nach Kontrolle des Confounding-Effektes des Alters ist die Mortalität hingegen in Berlin leicht höher als in Bayern.

Dabei ergibt eine altersstandardisierte Mortalitätsrate für sich alleine betrachtet keinen Sinn – sie ist nur im Vergleich zu einer anderen altersstandardisierten Mortalitätsrate interpretierbar.

4.3.2 Indirekte Altersstandardisierung

Bei der indirekten Altersstandardisierung wird kalkuliert, wie viele Sterbefälle zu erwarten wären, wenn nicht die tatsächlichen Mortalitätsraten der beiden Gebiete (z. B. Bayern und Berlin) genutzt, sondern stattdessen die Mortalitätsraten der Vergleichspopulation verwendet werden.

Die standardisierte Mortalitätsratio (SMR) berechnet sich folgendermaßen:

$$\text{SMR} = \frac{\text{tatsächlich beobachtete Sterbefälle pro Jahr}}{\text{erwartete Sterbefälle pro Jahr}}$$

Die erwartete Anzahl der Sterbefälle ergibt sich aus der Summe der Multiplikation der Zahl der Personen in der jeweiligen Altersgruppe der Indexpopulation (Bayern oder Berlin) mit der Mortalitätsrate der jeweiligen Altersgruppe der Vergleichspopulation.

Alter in Jahren	Deutsche Bevölkerung 2007			Bayen 2007			Berlin 2007		
	Population	Todesfälle	Mortalität pro 100.000	Population	Todesfälle	Erwartete Todesfälle	Population	Todesfälle	Erwartete Todesfälle
0-20	16.063.967	5.362	33,38	2.554.296	859	852,62	571.512	198	190,77
20-40	20.766.563	11.763	56,64	3.223.189	1.840	1.825,61	997.363	519	564,91
40-60	24.749.008	81.754	330,33	3.708.023	11.139	12.248,71	1.027.903	3.589	3.395,47
60-80	16.817.979	323.983	1.926,41	2.442.748	43.974	47.057,34	674.655	12.789	12.996,62
über 80	3.865.125	404.293	10.460,02	576.391	60.620	60.290,38	136.192	13.885	14.245,71
Gesamt	82.262.642	827.155	1.005,51	12.504.647	118.432	122.274,66	3.407.625	30.980	31.393,48

$$\text{SMR Bayern: } \frac{118.432}{122.275{,}09} = 0{,}9686$$

$$\text{SMR Berlin:} \ \frac{30.980}{31.393,54} = 0,9868$$

Die SMR liegt in beiden Fällen unter dem Wert 1. Das bedeutet, dass die Zahl der beobachteten Todesfälle in Berlin und Bayern geringer als erwartet ist. Die Bewohner Bayerns bzw. Berlins haben also eine leicht geringere Sterblichkeit im Vergleich zu den erwarteten Todesfällen in Gesamtdeutschland.

4.4 Gütekriterien für epidemiologische Tests

4.4.1 Definitionen und Formeln

a) Die Sensitivität gibt an, wie hoch die Wahrscheinlichkeit ist, dass ein Test einen tatsächlich Erkrankten auch als solchen erkennt: $p(T+|K+)$. Eine mögliche Formel lautet:

$$p(T+|K+) = \frac{p(K+|T+) \cdot p(T+)}{p(K+)}$$

($p(T+)$ = Wahrscheinlichkeit für ein positives Testergebnis; $p(T-)$ = Wahrscheinlichkeit für ein negatives Testergebnis; $p(K+)$ = Prävalenz; $p(K-)$ = 1 − Prävalenz).
Die Sensitivität ist damit abhängig von dem positiv prädiktiven Wert (PPV) und der Prävalenz sowie der Wahrscheinlichkeit, dass der Test positiv ausfällt. Alternativ kann der Wert auch anhand einer Vierfeldertafel ausgerechnet werden, indem die Anzahl der richtig positiv getesteten Personen durch die Anzahl aller erkrankten Personen dividiert wird.
Die Spezifität gibt an, wie hoch die Wahrscheinlichkeit ist, dass ein Test einen gesunden Menschen als solchen erkennt: $p(T-|K-)$. Eine mögliche Formel lautet:

$$p(T-|K-) = \frac{p(K-|T-) \cdot p(T-)}{p(K-)}$$

Die Spezifität ist damit abhängig von dem negativ prädiktiven Wert (NPV) und der Prävalenz, sowie der Wahrscheinlichkeit, dass der Test negativ ausfällt. Alternativ kann der Wert auch anhand einer Vierfeldertafel ausgerechnet werden, indem die Anzahl der richtig negativ getesteten Personen durch die Anzahl aller gesunden Personen dividiert wird.

b) Der PPV ist ein Parameter zur Einschätzung der Aussagekraft von medizinischen Testverfahren und gibt an, mit welcher Wahrscheinlichkeit eine positiv getestete Person auch tatsächlich krank ist: $p(K+|T+)$. Eine mögliche Formel lautet:

$$p(K+|T+) = \frac{p(T+|K+) \cdot p(K+)}{p(T+)}$$

bzw.:

$$p(K+|T+) = \frac{p(T+|K+) \cdot p(K+)}{p(T+|K+) \cdot p(K+) + p(T+|K-) \cdot p(K-)}$$

Der PPV ist damit abhängig von der Sensitivität und der Prävalenz sowie der Wahrscheinlichkeit, dass der Test positiv ausfällt. Alternativ kann der Wert auch anhand einer Vierfeldertafel ausgerechnet werden, indem die Anzahl der richtig positiv getesteten Personen durch die Anzahl aller positiv getesteten Personen dividiert wird.

Der NPV ist ein Parameter zur Einschätzung der Aussagekraft von medizinischen Testverfahren und gibt an, mit welcher Wahrscheinlichkeit eine negativ getestete Person auch wirklich gesund ist $p(K-|T-)$. Eine mögliche Formel lautet:

$$p(K-|T-) = \frac{p(T-|K-) \cdot p(K-)}{p(T-)}$$

bzw.:

$$p(K-|T-) = \frac{p(T-|K-) \cdot p(K-)}{p(T-|K-) \cdot p(K-) + p(T-|K+) \cdot p(K+)}$$

Der NPV ist damit abhängig von der Spezifität und der Prävalenz sowie der Wahrscheinlichkeit, dass der Test negativ ausfällt. Alternativ kann der Wert auch anhand einer Vierfeldertafel ausgerechnet werden, indem die Anzahl der richtig negativ getesteten Personen durch die Anzahl aller negativ getesteten Personen dividiert wird.

4.4.2 Erkennung von Krebserkrankungen

a) Vierfeldertafel:

	K+	K–	Summe
T+	40	95	135
T–	10	855	865
Summe	50	950	1.000

Mit „T+" = Testergebnis positiv; mit „T–" = Testergebnis negativ; mit „K+" = Erkrankung liegt vor; mit „K–" = Erkrankung liegt nicht vor.

b) Im Beispiel beträgt die Sensitivität 80 % (40/50). Das bedeutet, dass der Test bei 8 von 10 erkrankten Personen einen positiven Befund liefert. Im Beispiel beträgt die Spezifität 90 % (855/950). Das bedeutet, dass bei 9 von 10 Gesunden der Test negativ ausfällt.

c) In dem Beispiel beträgt der PPV 0,296 (40/135). Das bedeutet, dass die Wahrscheinlichkeit, dass eine positiv getestete Person wirklich krank ist, bei knapp 30 % liegt. Der NPV beträgt 0,988 (855/865). Das bedeutet, dass die Wahrscheinlichkeit, dass eine negativ getestete Person gesund ist, bei knapp 99 % liegt.

d) Wenn Prävalenz c. p. sinkt, dann erhöht sich der NPV; der PPV wird jedoch geringer. Dies sollte beispielsweise bei der Durchführung von Untersuchungen bei großen Populationen im Hinblick auf seltene Erkrankungen beachtet werden.

e) Die Formeln für die Likelihood-Ratios lauten:

$$LR+ = \frac{p(T+|K+)}{1-p(T-|K-)}$$

$$LR- = \frac{1-p(T+|K+)}{p(T-|K-)}$$

LR+ gibt an, wie viel höher die Chance nach dem Test ist, eine Krankheit bei positivem Test zu haben, als vor dem Test. Je größer das LR+ ist, desto besser ist die diagnostische Maßnahme geeignet, eine erkrankte Person zu erkennen. LR− gibt an, wie viel höher die Chance nach dem Test ist, keine Krankheit bei negativem Test zu haben, als vor dem Test. Je kleiner das LR− ist, desto besser ist die diagnostische Maßnahme geeignet, eine gesunde Person zu erkennen. LR+ beträgt in diesem Beispiel 8 und LR−0,22.

4.4.3 HIV-Test

a) Vierfeldertafel:

	K+	K−	Summe
T+	99	9.998	10.097
T−	1	489.902	489.903
Summe	100	499.900	500.000

$$PPV: 99/10.097 = 0,0098$$

Das bedeutet, dass die Wahrscheinlichkeit, dass eine positiv getestete Person wirklich mit HIV infiziert ist, bei unter einem Prozent liegt.

$$NPV : 489.902/489.903 = 0,9999$$

Das bedeutet, dass die Wahrscheinlichkeit, dass eine negativ getestete Person gesund ist, bei über 99,99% liegt.

b) Vierfeldertafel:

	K+	K−	Summe
T+	96,03	1	97,03
T−	2,97	9.997	9.999,97
Summe	99	9.998	10.097

$$\text{PPV}: 96{,}03/97{,}03 = 0{,}9897$$
$$\text{NPV}: 9.997/9.999{,}97 = 0{,}9997$$

c) Nach beiden Tests liegt die Netto-Sensitivität insgesamt bei 0,96 (96,03/100); die Netto-Spezifität bei 0,9999 ((489.902 + 9.997)/499.900).

4.4.4 TestTestTest

Test 1

	K+	K−	Summe
T+	350	950	1.300
T−	150	8.550	8.700
Summe	500	9.500	10.000

Test 2

	K+	K−	Summe
T+	910	90	1.000
T−	90	8.910	9.000
Summe	1.000	9.000	10.000

Test 3

	K+	K−	Summe
T+	90	110	200
T−	10	9.790	9.800
Summe	100	9.900	10.000

Test 4

	K+	K−	Summe
T+	200	9.000	9.200
T−	0	800	800
Summe	200	9.800	10.000

Test 5

	K+	K−	Summe
T+	800	200	1.000
T−	90	8.910	9.000
Summe	890	9.110	10.000

Test 6

	K+	K−	Summe
T+	4.000	0	4.000
T−	2.000	4.000	6.000
Summe	6.000	4.000	10.000

	Sensitivität	Spezifität	Prävalenz	PPV	NPV	T+
Test 1	0,7000	0,9000	0,0500	0,2692	0,9828	0,1300
Test 2	0,9100	0,9900	0,1000	0,9100	0,9900	0,1000
Test 3	0,9000	0,9889	0,0100	0,4500	0,9990	0,0200
Test 4	1,0000	0,0816	0,0200	0,0217	1,0000	0,9200
Test 5	0,8989	0,9780	0,0890	0,8000	0,9900	0,1000
Test 6	0,6667	1,0000	0,6000	1,0000	0,6667	0,4000

4.5 Maße zur Risikoschätzung

4.5.1 Relatives Risiko und Odds-Ratio

a) $p(E+) = \dfrac{a+b}{n}$

b) $p(K+) = \dfrac{a+c}{n}$

c) Das relative Risiko wird anhand folgender Formel berechnet:

$$RR = \frac{a/(a+b)}{c/(c+d)}$$

d) Das Odds-Ratio wird anhand folgender Formel berechnet:

$$OR = \frac{a/b}{c/d} = \frac{a \cdot d}{b \cdot c}$$

4.5.2 Krankheiten X und Y

a) Die Prävalenz der Krankheit X beträgt 45 % (4.500/10.000) und die Prävalenz der Erkrankung Y beträgt 0,05 % (50/10.000).

b)

	Erkrankung X	Erkrankung Y
RR	2,32	7,43
OR	5,63	7,50

c) In Fall-Kontroll-Studien darf das relative Risiko nicht genutzt werden. Stattdessen kann die Odds Ratio als Zusammenhangsmaß verwendet werden. Die Odds-Ratio gibt die Erkrankungschance von unter Risiko stehenden Personen im Vergleich zu Personen ohne Risiko an. Wenn eine positive Korrelation zwischen Exposition und Erkrankung besteht, wird die Ratio größer als eins sein; bei einem negativen Zusammenhang kleiner als eins. Wenn die Exposition nicht im Zusammenhang mit der Erkrankung steht, dann beträgt die Odds Ratio eins. Die Ergebnisse zeigen, dass die Odds Ratio vor allem dann ein guter Schätzer für das relative Risiko ist, wenn die Erkrankung selten auftritt. Außerdem sollte gewährleistet sein, dass die Fälle im Hinblick auf die Expositionsanamnese repräsentativ für alle Personen mit einer bestimmten Krankheit innerhalb der betrachteten Bevölkerung sind. Für die Kontrollen gilt wiederum, dass diese im Hinblick auf die Expositionsanamnese repräsentativ sein sollten für alle Personen ohne diese bestimmte Krankheit innerhalb der betrachteten Bevölkerung.

4.5.3 Kohortenstudie: Lungenkrebs

a)

	K+	K–	Summe
E+	28	322	350
E–	2	648	650
Summe	30	970	1.000

b) Die Erkrankungswahrscheinlichkeit für einen Nichtraucher beträgt 0,3 % (2/650), die eines Rauchers 8,0 % (28/350).

c) Das relative Risiko beträgt 26, d. h. dass das Risiko eines Rauchers an Lungenkrebs zu erkranken mit einer fünfprozentigen Fehlerwahrscheinlichkeit 26-mal höher ist als das eines Nichtrauchers.

d) Das absolute attributable Risiko beschreibt das Risiko, dass einem bestimmten Effekt zugeschrieben (attributiert) werden kann, in diesem Fall die Exposition Rauchen. Das absolute attributable Risiko (AR) ist dabei ein Maß für den absoluten Effekt der Exposition, das relative attributable Risiko (AR%) (auch attributable Fraktion genannt) beschreibt hingegen, welcher prozentuale Anteil der Krankheitshäufigkeit bei den Exponierten (hier: Raucher) durch die Einwirkung des Risikofaktors bedingt ist. Die beiden Formeln lauten:

$$AR = \frac{a}{a+b} - \frac{c}{c+d} = I_{E+} - I_{E-}$$

$$AR\% = \frac{\frac{a}{a+b} - \frac{c}{c+d}}{\frac{a}{a+b}} = \frac{I_{E+} - I_{E-}}{I_{E+}} = \frac{RR - 1}{RR}$$

I_{E+} = Inzidenz der Exponierten; I_{E-} = Inzidenz der Nicht-Exponierten

In dem Beispiel beträgt das AR 0,077. Unter der Bedingung, dass das Ergebnis von der Studienpopulation auf die Gesamtbevölkerung übertragbar ist, bedeutet dies, dass für je 1.000 Männer das Rauchen für 77 (von 80) Lungenkrebsfälle verantwortlich war.

Das relative attributable Risiko beträgt in dem oben aufgeführten Beispiel 0,9615. Das bedeutet, dass das Rauchen für 96,15 % der Lungenkrebsfälle bei Rauchern verantwortlich ist.

Desweiteren besteht noch die Möglichkeit, dass bevölkerungsbezogene attributable Risiko zu berechnen. Die Formel lautet wie folgt:

$$\text{bevölkerungsbezogene attributable Risiko} = \frac{\frac{a+c}{n} - \frac{c}{c+d}}{\frac{a+c}{n}} = \frac{I_{gesamt} - I_{E-}}{I_{gesamt}}$$

In diesem Beispiel beträgt das bevölkerungsbezogene attributable Risiko 0,89. Das bedeutet, dass knapp 90 % aller Lungenkrebsfälle hätten vermieden werden können, wenn niemand geraucht hätte.

e)

		K+	K–	Summe
E+	**beobachtete Anzahl**	28	322	
	erwartete Anzahl	10,50	339,50	350
	Residuen	17,50	−17,50	
	Standardisierte Residuen	5,40	−0,95	
E–	**beobachtete Anzahl**	2	648	
	erwartete Anzahl	19,50	630,50	650
	Residuen	−17,50	17,50	
	Standardisierte Residuen	−3,96	0,70	
	Summe	30	970	1.000

Die erwartete Anzahl je Feld errechnet sich durch die Multiplikation der Randsummen und Division durch die Gesamtanzahl (Bsp.: $350 \cdot 30/1.000 = 10,50$). Die Residuen ergeben sich durch die Differenz der beobachteten Anzahl von der erwarteten Anzahl (Bsp.: $28 - 10,50 = 17,50$). Da ein Residuum jedoch abhängig von der Gesamtzahl der Probanden ist, müssen die einzelnen Residuen noch durch die Wurzel der erwarteten Fälle geteilt werden (Bsp.: $17,50/\sqrt{10,50} = 5,40$). Dadurch ergeben sich die standardisierten Residuen.

Das Chi-Quadrat (χ^2) gibt die Summe der quadrierten standardisierten Residuen an. In dem Beispiel beträgt dieser 46,23. Daraus ist zu schließen, dass mit einer fünfprozentigen Fehlerwahrscheinlichkeit auch in der Grundgesamtheit ein positiver Zusammenhang zwischen der Exposition Rauchen und dem Outcome Lungenkrebs besteht.

4.5.4 Sekundärprävention: Raucher

a)

		nachher		
		Raucher	Nichtraucher	Summe
vorher	Raucher	70	10	80
	Nichtraucher	3	167	170
	Summe	73	177	250

b) Vor Beginn des Gesundheitsprogramms lag diese bei 32 % (80/250), hinterher bei 29,2 % (73/250).

c) Die Formel zur Berechnung des Chi-Quadrat (χ^2) anhand des McNemar-Tests lautet:

$$\chi^2 = \frac{(b - c)^2}{b + c}$$

wobei b die Anzahl der Personen ist, die mit dem Rauchen aufgehört haben und c die Anzahl der Personen ist, die mit dem Rauchen während der Intervention angefangen haben. Für diesen Test sind damit nur die „Wechsler" entscheidend. Anhand der Zahlen der Vierfeldertafel errechnet sich ein Chi-Quadrat-Wert in Höhe von 3,77. Demnach kann man nicht davon ausgehen, dass in der Grundgesamtheit die Raucherquote aufgrund einer solchen Intervention gesenkt werden kann.

4.5.5 Interventionsstudie: Colitis ulcerosa

a) Die relative Risikoreduktion (RRR) wird wie folgt berechnet:

$$RRR = \frac{I_K - I_I}{I_K}$$

I_K = Inzidenz in der Kontrollgruppe; I_I = Inzidenz in der Interventionsgruppe

In diesem Fall beträgt die RRR 0,2308 ((0,26 − 0,2)/0,26), was bedeutet, dass das Medikament die Schubwahrscheinlichkeit in einem Jahr um 23 % verringert. Die absolute Risikoreduktion (ARR) wird wie folgt berechnet:

$$ARR = I_K - I_I$$

Sie beträgt hier 0,06, also 6 % (0,26 − 0,2), was bedeutet, dass 6 von 100 Patienten zusätzlich von der geprüften Intervention profitieren.

b) Number-Needed-to-Treat (NNT) wird durch folgende Formel berechnet:

$$NNT = \frac{1}{I_K - I_I}$$

In diesem Beispiel beträgt die NNT 16,67, was bedeutet, dass das Medikament von ca. 17 Personen eingenommen werden muss, um einen zusätzlichen Schub zu verhindern.

c) Number-Needed-to-Harm (NNH) wird durch folgende Formel berechnet:

$$NNH = \frac{1}{I_I - I_K}$$

In diesem Beispiel beträgt die NNH 166,67, was bedeutet, dass ca. 167 Personen mit dem Medikament „Mission-Re" behandelt werden müssen, um eine unerwünschte Nebenwirkung (hier: akutes Nierenversagen) hervorzurufen.

4.5.6 *Kohortenstudie – mit Confounding?*

a) Das relative Risiko beträgt 2. Aus dem Ergebnis kann man schließen, dass es einen positiven Zusammenhang zwischen der Exposition E und der Erkrankung gibt. Es besteht jedoch die Möglichkeit, dass der Zusammenhang nicht kausal ist, sondern eine Störgröße, ein so genannter Confounder, die Ergebnisse verzerrt.

b) Der Mantel-Haenszel-Schätzer wird wie folgt berechnet:

$$RR_{MH} = \frac{\sum a_i(c_i + d_i)/T_i}{\sum c_i(a_i + b_i)/T_i}, \quad \text{wobei} \quad T_i = a_i + b_i + c_i + d_i$$

Das relative Risiko nach Mantel-Haenszel beträgt demnach 1,999. Da der Wert kaum vom „rohen" relativen Risiko abweicht (Differenz ist geringer als 0,1–0,15), stellt das Geschlecht hier vermutlich keinen Confounder dar.

c) Den Berechnungen zufolge beträgt der Mantel-Haenszel-Schätzer in diesem Fall 1,469. Da die Differenz zwischen dem originären relativen Risiko und dem Mantel-Haenszel-Schätzer mehr als 0,15 beträgt, kann davon ausgegangen werden, dass es sich bei dem Verhalten V um eine Störgröße handelt.

Kapitel 5
Statistische Methoden

5.1 Lage- und Streuungsmaße

5.1.1 Kindersegen

a) Formel für den Mittelwert: $\bar{x} = \left(\sum_{i=1}^{n} x_i / n \right)$
   Mittelwert: $\bar{x} = (20/15) = 1{,}33$
   Median (50 %-Punkt): $\tilde{x} = 1$
   Modalwert (häufigste Wert): $\hat{x} = 1$
b) Formel für die Varianz:

$$ s^2 = \frac{\sum_{i=1}^{n} (x_i - \bar{x})^2}{n - 1} $$

   Varianz: $s^2 = 1{,}38$
c) Die Standardabweichung ergibt sich durch die Wurzel der Varianz.

$$ s = \sqrt{1{,}38} = 1{,}18 $$

5.1.2 Morbus Crohn

Da es sich bei den Wirkstoffen um nominalskalierte Merkmale handelt, kann der Mittelwert sowie der Median nicht berechnet werden. Der Modalwert in dieser Stichprobe ist Mesalazin.

A. Prenzler et al., *Übungen zu Public Health und Gesundheitsökonomie*,
DOI 10.1007/978-3-642-13505-7_5, © Springer-Verlag Berlin Heidelberg 2010

5.2   Wahrscheinlichkeiten und Kombinatorik

5.2.1   Würfellaune

a) $\quad p(I) = \dfrac{\text{Anzahlder für I günstigen Fälle}}{\text{Anzahl der möglichen Fälle}} = \dfrac{1}{6}$

b) $\quad p(I_1 \cup I_2) = p(I_1) + p(I_2) = \dfrac{1}{6} + \dfrac{1}{6} = \dfrac{1}{3}$

c) $\quad p(I_1 \cap I_2) = p(I_1) \cdot p(I_2) = \dfrac{1}{6} \cdot \dfrac{1}{6} = \dfrac{1}{36}$

d) $\quad \dfrac{1}{n^k} = \left(\dfrac{1}{6^6}\right) = \dfrac{1}{46.656}$

e) $\quad \dfrac{1}{n^k} = \left(\dfrac{1}{6^5}\right) = \dfrac{1}{7.776}$

f) siehe d)

g) $\quad \dfrac{k!}{n^k} = \dfrac{6!}{6^6} = \dfrac{6}{6} \cdot \dfrac{5}{6} \cdot \dfrac{4}{6} \cdot \dfrac{3}{6} \cdot \dfrac{2}{6} \cdot \dfrac{1}{6} = \dfrac{720}{46.656} = \dfrac{1}{64,8}$

h) Zwei mögliche Kombinationen $(6 + 5 \text{ und } 5 + 6) = \dfrac{1}{36} + \dfrac{1}{36} = \dfrac{1}{18}$

i) Sechs mögliche Kombinationen
$\quad (1 + 1,\ 1 + 2,\ 2 + 1,\ 2 + 2,\ 1 + 3,\ 3 + 1) = \dfrac{1}{36} \cdot 6 = \dfrac{1}{6}$

j) $\quad 1 - p(12) = 1 - \dfrac{1}{36} = \dfrac{35}{36}$

5.2.2   Wellness-Urlaub

1. Reihenfolge entscheidend, Ziehen ohne Zurücklegen (n=50; k=5)

$$\frac{1}{n(n - 1)(n - 2)\ldots(n - k + 1)} = \frac{1}{50 \cdot 49 \cdot 48 \cdot 47 \cdot 46} = \frac{1}{254.251.200}$$

2. Reihenfolge entscheidend, Ziehen mit Zurücklegen (n=40; k=5)

$$\frac{1}{n^k} = \frac{1}{40^5} = \frac{1}{102.400.000}$$

3. Reihenfolge nicht entscheidend, Ziehen ohne Zurücklegen (n=50; k=7)

$$\frac{1}{\binom{n}{k}} = \frac{k!(n - k)!}{n!} = \frac{7! \cdot 43!}{50!} = \frac{1}{99.884.400}$$

4. Reihenfolge nicht entscheidend, Ziehen mit Zurücklegen (n=60; k=6)

$$\frac{k!}{n^k} = \frac{6!}{60^6} = \frac{1}{64.800.000}$$

Die Wahrscheinlichkeit, den Wellness-Urlaub zu gewinnen, ist bei der 4. Variante am höchsten, so dass bei gleicher Teilnahmegebühr auch die 4. Lotterie gewählt werden sollte.

5.2.3 *Epidemiologische Maßzahlen und Wahrscheinlichkeit*

a) Hier kann der Satz von Bayes angewendet werden. Die allgemeine Formel dafür lautet:

$$p(A\,|B) = \frac{p(B\,|A\,)\cdot p(A)}{p(B)}$$

In Bezug auf die Fragestellung wird der PPV folgendermaßen errechnet:

$$p(K+|T+) = \frac{p(T+|K+)\cdot p(K+)}{p(T+)}$$

wobei $p(T+)=p(T+|K+)\cdot p(K+)+(p(T+|K-)\cdot p(K-)$
$p(T+)=0{,}96\cdot 0{,}1+(1-0{,}97)\cdot(1-0{,}1)=0{,}123=12{,}3\,\%$

$p(K+|T+)$ beträgt demnach $= \dfrac{0{,}96\cdot 0{,}1}{0{,}123} = 0{,}7805 = 78{,}05\,\%$

Die Gegenwahrscheinlichkeit beträgt demnach 21,95 %.

b) Analog zu a) gilt hier

$$p(K-|T-) = \frac{p(T-|K-)\cdot p(K-)}{p(T-)}$$

wobei $p(T-)=p(T-|K-)\cdot p(K-)+(p(T-|K+)\cdot p(K+)$
$p(T-)=0{,}97\cdot(1-0{,}1)+(1-0{,}96)\cdot 0{,}1=0{,}877=87{,}7\,\%$

$p(K-|T-)$ beträgt demnach $= \dfrac{0{,}97\cdot 0{,}9}{0{,}877} = 0{,}9954 = 99{,}54\,\%$

Die Gegenwahrscheinlichkeit beträgt demnach 0,46 %.

5.3 Binomial- und Hypergeometrische Verteilung

5.3.1 *Einführung: Medizintechnikgroßhändler*

Die Lösungen können jeweils in einem Mengendiagramm durch die graue Fläche verdeutlicht werden:

a) Dies ist die Gegenwahrscheinlichkeit der Ereignisse H_1, H_2 und H_3, welche durch folgende Formel ausgedrückt werden kann

$$H_a = \overline{H_1 \cup H_2 \cup H_3} = \overline{H_1} \cap \overline{H_2} \cap \overline{H_3}$$

Im Mengendiagramm handelt es sich um die graue Fläche:

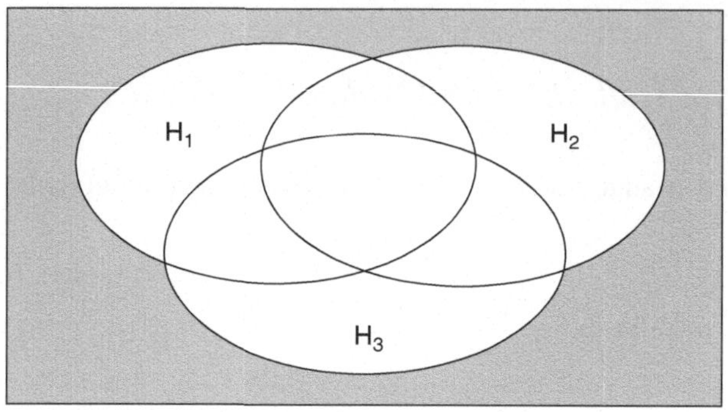

b) Dieses Ereignis ist gegeben durch den Bereich, indem alle drei Herzschrittmacher defekt sind, auch Schnittmenge genannt

$$H_b = H_1 \cap H_2 \cap H_3$$

Im Mengendiagramm handelt es sich also um den Bereich, indem sich alle drei Mengenkreise schneiden.

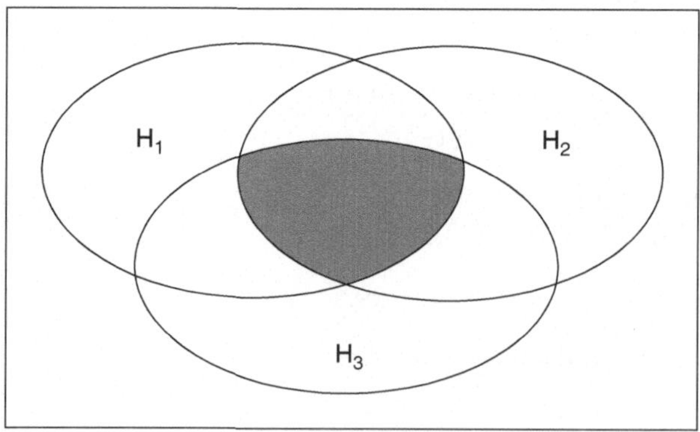

c) Dieses Ereignis ist die Gesamtheit der drei Ereignisse, also:

$$H_c = H_1 \cup H_2 \cup H_3$$

Im Mengendiagramm ist dies der Bereich, der im gemeinsamen Umriss der drei Ereignisse liegt. Das Ereignis ist daher die Gegenwahrscheinlichkeit zu dem Ereignis H_a aus Aufgabenteil a).

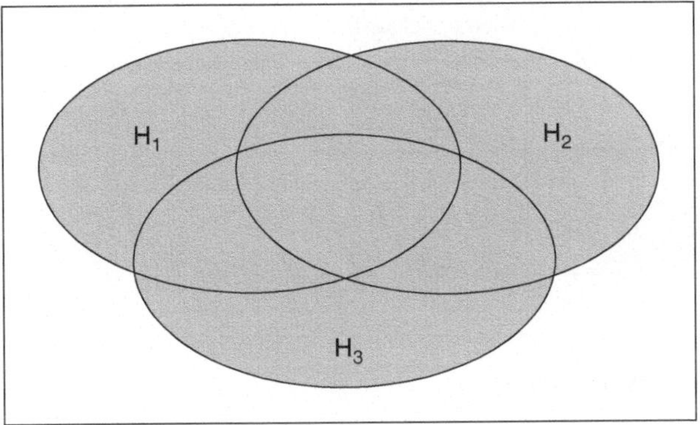

d) Dieses Ereignis lässt sich folgendermaßen darstellen:

$$H_d = (H_1 \cap H_2 \cap \overline{H_3}) \cup (H_1 \cap \overline{H_2} \cap H_3) \cup (\overline{H_1} \cap H_2 \cap H_3)$$

Im Mengendiagramm handelt es sich um die Summe der Schnittmengen jeweils zweier Ereignisse abzüglich der Vereinigung dieser drei Mengen.

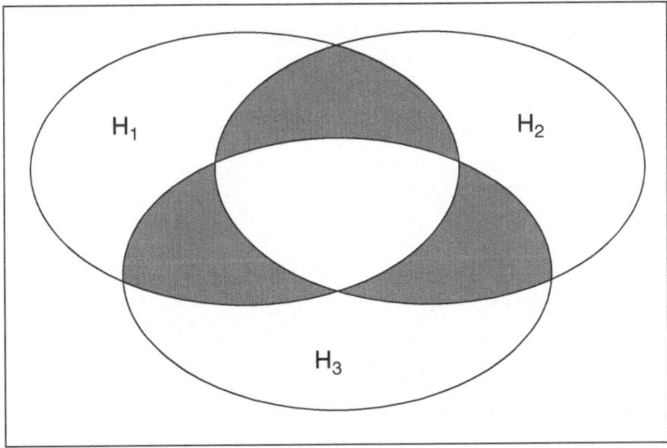

e) Diese Ereignis ist gegeben durch folgende Formel:

$$H_e = (\overline{H_1} \cap \overline{H_2} \cap \overline{H_3}) \cup (H_1 \cap \overline{H_2} \cap \overline{H_3}) \cup (\overline{H_1} \cap H_2 \cap \overline{H_3}) \cup (\overline{H_1} \cap \overline{H_2} \cap H_3)$$

Im Mengendiagramm handelt es sich um die in der Mitte außerhalb der Schnittmengen liegende Fläche.

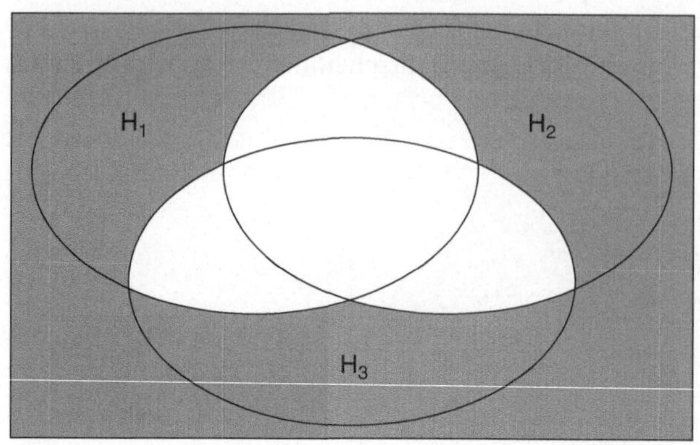

5.3.2 *Krebs in einer Population*

Für die Aufgabenstellung kann folgende Formel genutzt werden:

Binomialverteilung (diskret, mit Zurücklegen): $p(X = k) = \binom{n}{k} \cdot p^k \cdot (1 - p)^{n-k}$

a) n=5; k=5

$$p(5 = k) = \binom{5}{5} \cdot 0{,}05^5 \cdot 0{,}95^0 = 0{,}05^5 = \frac{1}{3.200.000}$$

b) n=10; k=0

$$p(0 = k) = \binom{10}{0} \cdot 0{,}05^0 \cdot 0{,}95^{10} = 0{,}95^{10} = 0{,}5987 = 59{,}87\ \%$$

c) n=5; k≤2

$$p(0 = k) = \binom{5}{0} \cdot 0{,}05^0 \cdot 0{,}95^5 = 0{,}7738$$

$$p(1 = k) = \binom{5}{1} \cdot 0{,}05^1 \cdot 0{,}95^4 = 0{,}2036$$

$$p(2 = k) = \binom{5}{2} \cdot 0{,}05^2 \cdot 0{,}95^3 = 0{,}021$$

$$p\,(2 \geq k) = 0{,}7738 + 0{,}2036 + 0{,}021 = 0{,}9984 = 99{,}84\%$$

d) $n=3; k\leq2$

$$p(2 \geq k) = 1 - \left(\binom{3}{3} \cdot 0{,}05^3 \cdot 0{,}95^0\right) = 1 - \frac{1}{8.000} = 0{,}9999 = 99{,}99\ \%$$

e) $n=6; k=1$

$$p(1 = k) = \binom{6}{1} \cdot 0{,}05^1 \cdot 0{,}95^5 = 0{,}2321 = 23{,}21\ \%$$

5.3.3 *Fehlerhafte Ware*

a) Für die Aufgabenstellung kann folgende Formel genutzt werden:

Binomialverteilung (diskret, mit Zurücklegen): $p(X = k) = \binom{n}{k} \cdot p^k \cdot (1 - p)^{n-k}$

Damit die Lieferung nicht zurückgewiesen wird, darf höchstens ein fehlerhaftes Paket gefunden werden. Die dazugehörige Gegenwahrscheinlichkeit gibt dann Auskunft darüber, wie hoch die Wahrscheinlichkeit ist, dass die Lieferung zurückgewiesen wird.

Das p beträgt in dem vorliegenden Fall $4/68=0{,}0588=5{,}88\ \%$:

$$p(0 = k) = \binom{10}{0} \cdot 0{,}0588^0 \cdot 0{,}9412^{10} = 0{,}5455 = 54{,}55\%$$

$$p(1 = k) = \binom{10}{1} \cdot 0{,}0588^1 \cdot 0{,}9412^9 = 0{,}3408 = 34{,}08\%$$

$$p(2 \geq k) = 1 - 0{,}5455 - 0{,}3408 = 0{,}1137$$

Die Wahrscheinlichkeit, dass eine Warenlieferung zurückgesendet wird, also 2 oder mehr fehlerhafte Kisten bei der Überprüfung identifiziert werden, beträgt demnach 11,37 %.

b) Da die bereits geprüften Kisten gesondert gelagert werden („Ziehen ohne Zurücklegen"), eignet sich die hypergeometrische Verteilung zur Kalkulation von Wahrscheinlichkeiten. Die entsprechende Formel lautet:

$$p(X = k) = \frac{\binom{M}{k} \cdot \binom{N-M}{n-k}}{\binom{N}{n}}$$

N steht für den Umfang der Grundmenge (hier: 68), M für die Anzahl der Güter/ Personen mit der besonderen Eigenschaft (hier fehlerhafte Kisten: 4), n für den Umfang der Stichprobe (hier: 10) und k für die Häufigkeit des Eintretens.

Wiederum wird ermittelt, wie hoch die Wahrscheinlichkeit ist, dass $k=0$ bzw. $k=1$ eintreten, um daraufhin die Gegenwahrscheinlichkeit zu kalkulieren.

$$p(0 = k) = \frac{\binom{4}{0} \cdot \binom{64}{10}}{\binom{68}{10}} = \frac{1 \cdot \dfrac{64!}{10! \cdot 54!}}{\dfrac{68!}{10! \cdot 58!}} = 0{,}5210$$

$$p(1 = k) = \frac{\binom{4}{1} \cdot \binom{64}{9}}{\binom{68}{10}} = \frac{4 \cdot \dfrac{64!}{9! \cdot 55!}}{\dfrac{68!}{10! \cdot 58!}} = 0{,}3789$$

$$p(2 \geq k) = 1 - 0{,}5210 - 0{,}3789 = 0{,}1001$$

Die Wahrscheinlichkeit, dass eine Warenlieferung zurückgesendet wird, also 2 oder mehr fehlerhafte Kisten bei der Überprüfung identifiziert werden, beträgt demnach 10,01 %.

5.3.4 Qualitätskontrolle

Da die Päckchen, die überprüft werden, bis zum Abschluss der Qualitätskontrolle gesondert gelagert werden, eignet sich die hypergeometrische Verteilung zur Kalkulation von Wahrscheinlichkeiten. Die entsprechende Formel lautet:

$$p(X = k) = \frac{\binom{M}{k} \cdot \binom{N-M}{n-k}}{\binom{N}{n}}$$

a) $N=300$, $M=10$; $n=30$; $k \leq 2$

$$p(0 = k) = \frac{\binom{10}{0} \cdot \binom{290}{30}}{\binom{300}{30}} = 0{,}3428$$

$$p(1 = k) = \frac{\binom{10}{1} \cdot \binom{290}{29}}{\binom{300}{30}} = 0{,}3940$$

$$p(2 = k) = \frac{\binom{10}{2} \cdot \binom{290}{28}}{\binom{300}{30}} = 0{,}1963$$

Den Berechnungen zufolge beträgt die Wahrscheinlichkeit, höchstens 2 fehlerhaft bestückte Arzneipackungen im Rahmen der Qualitätskontrolle zu finden, 93,31 %.

b) N=300, M=3; n=15; k=0

$$p(0 = k) = \frac{\binom{3}{0} \cdot \binom{297}{15}}{\binom{300}{15}} = 0,8569$$

Die Wahrscheinlichkeit, kein fehlerhaft bestücktes Päckchen im Rahmen der Qualitätskontrolle zu finden, beträgt 85,69 %.

c) N=300, M=4; n=40; k≥2

$$p(0 = k) = \frac{\binom{4}{0} \cdot \binom{296}{40}}{\binom{300}{40}} = 0,5624$$

$$p(1 = k) = \frac{\binom{4}{1} \cdot \binom{296}{39}}{\binom{300}{40}} = 0,3501$$

Den Berechnungen zufolge beträgt die Wahrscheinlichkeit, mindestens 2 fehlerhaft bestückte Arzneipackungen im Rahmen der Qualitätskontrolle zu finden, 8,75 % $(1-0,5624-0,3501)$.

5.4   Normalverteilung

5.4.1   Blutzucker

a) Durch die Transformation von normalverteilten Werten auf standardisierte normalverteilte Werte mit einem μ von 0 und einer Varianz von 1 kann die Fläche innerhalb der Dichtefunktion der Normalverteilung und verschiedene Wahrscheinlichkeiten bestimmt werden. Folgende Formel dient zur Transformation in eine Standardnormalverteilung:

$$z = \frac{x - \mu}{\sigma}$$

Da μ und σ nicht bekannt sind, werden diese durch $\bar{x}$ und s geschätzt. Damit ergibt sich: $z = \dfrac{x - \bar{x}}{s}$

In dem vorliegenden Beispiel lautet z:

$$z = \frac{145 - 110}{30} = 1,17$$

Die Formel für die Berechnung der Wahrscheinlichkeit lautet:

$$P(X \leq 145) = \phi(1,17)$$

Laut z-Tabelle entspricht $\phi(1,17)$ einem Wert von 0,879. Demnach ist die Wahrscheinlichkeit einen Blutzuckerspiegel von weniger als 145 mg/dl zu haben 87,9 %.
b) In dem vorliegenden Beispiel lautet z:

$$z = \frac{180 - 110}{30} = 2,33$$

Die Formel für die Berechnung der Wahrscheinlichkeit lautet:

$$P(X \geq 180) = 1 - \phi(2,33)$$

Laut z-Tabelle entspricht $\phi(2,33)$ einem Wert von 0,9901. Die Wahrscheinlichkeit, einen Blutzuckerspiegel von mehr als 180 mg/dl zu haben, entspricht damit der Gegenwahrscheinlichkeit (0,99 %).
c) Da es sich um eine stetige Verteilung handelt, ist die Wahrscheinlichkeit einen bestimmten Wert exakt zu treffen, gleich Null.
d) Anteil: $\dfrac{25}{500} = 0,05$

Laut z-Tabelle entspricht eine Wahrscheinlichkeit von 95 % einem z von ca. 1,65. Die Gegenwahrscheinlichkeit (5 %) entspricht demnach dem Wert z=−1,65. Durch Umstellen der Formel ergibt sich:

$$z \cdot s + \bar{x} = (-1,65)\,30 + 110 = x = 60,5$$

Die 25 Frauen mit dem niedrigsten Blutzuckerspiegel werden wahrscheinlich einen Wert von 60,5 mg/dl nicht überschreiten.

e) Anteil: $\dfrac{10}{500} = 0,02$

Laut z-Tabelle entspricht eine Wahrscheinlichkeit von 98 % (1−0,02) einem z in Höhe von 2,05. Durch Umstellen der Formel ergibt sich:

$$z \cdot s + \bar{x} = 2,05 \cdot 30 + 110 = x = 171,5$$

Die 10 Frauen mit dem höchsten Blutzuckerspiegel werden wahrscheinlich einen Wert von 171,5 mg/dl nicht unterschreiten.
f) Um zu ermitteln zwischen welchen beiden Ausprägungen 80 % der Frauen liegen, müssen die Wahrscheinlichkeiten der „Eckpunkte" (10 und 90 %) bestimmt werden. Laut z-Tabelle entspricht 0,9 einem z von ungefähr 1,28. 0,1 ist demnach gleichzusetzen mit einem z in Höhe von −1,28.

$$z \cdot s + \bar{x} = 1{,}28 \cdot 30 + 110 = x = 148{,}4$$

$$z \cdot s + \bar{x} = (-1{,}28) \cdot 30 + 110 = x = 71{,}6$$

80 % der Frauen werden demnach Blutzuckerwerte zwischen 71,6 und 148,4 haben.

g) Eine Normalverteilung hat die Eigenschaft, dass sich ca. 68 % der Ausprägungen innerhalb des Intervalls $\mu \pm 1{\cdot}\sigma$ und ca. 95 % innerhalb des Intervalls $\mu \pm 2{\cdot}\sigma$ befinden. $\mu \pm 1{\cdot}\sigma$ stellen außerdem die Wendepunkte der Dichtefunktion dar.

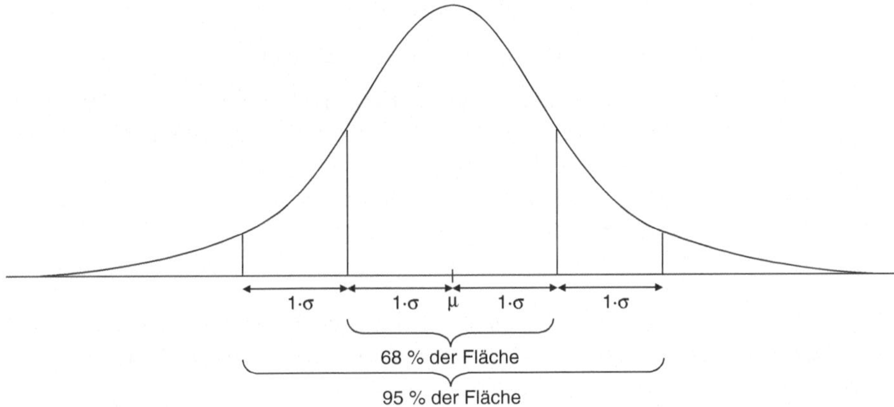

In Bezug auf das konkrete Beispiel in der Aufgabenstellung werden 68 % der Stichprobe einen Blutzuckerspiegel zwischen 80 und 140 mg/dl sowie 95 % einen Blutzuckerspiegel zwischen 50 und 170 mg/dl aufweisen, wobei wiederum $\bar{x}$ und s als erwartungstreue Schätzer für μ und σ gelten.

5.4.2 *Hämoglobinwerte*

a) $z = \dfrac{14 - 16}{1{,}5} = -1{,}33$

Die Formel für die Berechnung der Wahrscheinlichkeit lautet:

$$P(X \leq 14) = \phi(-1{,}33)$$

Laut z-Tabelle entspricht $\phi(1{,}33)$ einem Wert von 0,9082. Demnach ist die Wahrscheinlichkeit für einen Mann aus der Stichprobe einen Eisenspiegel von weniger als 14 g/dl zu haben die Gegenwahrscheinlichkeit (9,18 %).

b) $z = \dfrac{15 - 14}{1{,}5} = 0{,}67$

Die Formel für die Berechnung der Wahrscheinlichkeit lautet:

$$P(x \geq 15) = 1 - \phi(0{,}67)$$

Laut z-Tabelle entspricht $\phi(0{,}67)$ einem Wert von 0,7486. Demnach ist die Wahrscheinlichkeit für eine Frau aus der Stichprobe einen Eisenspiegel von mehr als 15 g/dl zu haben die Gegenwahrscheinlichkeit (25,14 %).

c) $z = \dfrac{12{,}5 - 14}{1{,}5} = -1$

Die Formel für die Berechnung der Wahrscheinlichkeit lautet:

$$P(X \geq 12{,}5) = 1 - \phi(-1) = \phi(1)$$

Laut z-Tabelle ist ein $\phi(1)$ gleichzusetzen mit einem Wert von 0,8413. Demnach entspricht die Wahrscheinlichkeit für eine Frau aus der Stichprobe einen Eisenspiegel von mehr als 12,5 g/dl zu haben 84,13 %.

d) Da es sich um stetige Verteilungen handelt, ist die Wahrscheinlichkeit einen bestimmten Wert exakt zu treffen, gleich Null.

e) Anteil: $\dfrac{50}{500} = 0{,}1$

Laut z-Tabelle entspricht eine Wahrscheinlichkeit von 90 % einem z in Höhe von ca. 1,28. Die Gegenwahrscheinlichkeit (10 %) entspricht demnach dem Wert z=−1,28. Durch Umstellen der Formel ergibt sich:

$$z \cdot s + \bar{x} = (-1{,}28)\,1{,}5 + 14 = x = 12{,}08$$

f) Anteil: $\dfrac{20}{500} = 0{,}04$

Laut z-Tabelle entspricht eine Wahrscheinlichkeit von 96 % ($1-0{,}04$) einem z in Höhe von 1,75. Durch Umstellen der Formel ergibt sich:

$$z \cdot s + \bar{x} = 1{,}75 \cdot 1{,}5 + 16 = x = 18{,}625$$

Die 20 Männer mit dem höchsten Eisenspiegel werden wahrscheinlich einen Wert von 18,63 g/dl nicht unterschreiten.

g) Um zu ermitteln zwischen welchen beiden Ausprägungen 60 % der potentiellen Blutspender bzw. Blutspenderinnen liegen, müssen die Wahrscheinlichkeiten der „Eckpunkte" (20 und 80 %) bestimmt werden. 0,8 entspricht einem z von ungefähr 0,84 (und 0,2 dementsprechend einem z in Höhe von −0,84). Eingesetzt in die Formel erhält man für die Männer die Spannweite 16±1,26 g/dl und bei den Frauen 14±1,26 g/dl. 60 % der potentiellen Blutspender werden demnach einen Hb-Wert zwischen 14,74 und 17,26 g/dl und potentielle Blutspenderinnen einen Wert zwischen 12,74 und 15,26 g/dl aufweisen.

h) Frauen werden zur Spende zugelassen, wenn sie einen Hb-Wert zwischen 12,5 und 18 g/dl haben, Männer bei Werten zwischen 13,5 und 18 g/dl.

Frauen:

$$P(12{,}5 \leq X \leq 18) = \phi\left(\frac{18 - 14}{1{,}5}\right) - \phi\left(\frac{12{,}5 - 14}{1{,}5}\right) = \phi(2{,}67) - \phi(-1)$$

$$500\,(0{,}9962 - (1 - 0{,}8413)) = 500 \cdot 0{,}8375 \approx 419$$

Männer:

$$P(13,5 \le X \le 18) = \phi\left(\frac{18-16}{1{,}5}\right) - \phi\left(\frac{13{,}5-16}{1{,}5}\right) = \phi(1{,}33) - \phi(-1{,}67)$$

$$450 \cdot (0{,}9082 - (1 - 0{,}9525)) = 450 \cdot 0{,}8607 \approx 387$$

Aufgrund der höheren potentiellen Anzahl an Blutspenderinnen werden absolut mehr Frauen zur Spende zugelassen, obwohl die reine Zulassungswahrscheinlichkeit für Männer höher ist.

5.4.3 Körpergröße

a) Bei 19 Freiheitsgraden und einem p von 0,9 ergibt sich laut t-Verteilung ein t-Wert von 1,33

$$t_{df;\,1-\alpha} \cdot s + \bar{x} = 1{,}33 \cdot 10 + 185 = x = 198{,}3$$

18 der 20 Studenten werden voraussichtlich nicht größer als 198,3 cm sein.

b) Bei großem Stichprobenumfang nähern sich die Werte aus der t-Tabelle approximativ den Werten aus der Standardnormalverteilung an. Demnach kann für den vorgegebenen Stichprobenumfang von n = 500 statt der t-Tabelle die z-Tabelle genutzt werden. (Bei einem Vergleich des entsprechenden t- und z-Wertes in den Tabellen im Anhang A zeigt sich, dass die Werte bis auf die zweite Nachkommastelle übereinstimmen).

$$z \cdot s + \bar{x} = 1{,}28 \cdot 10 + 185 = x = 197{,}8$$

Dem Ergebnis zufolge werden 450 der 500 Studenten voraussichtlich nicht größer als 197,8 cm sein.

5.5 Poissonverteilung

5.5.1 Unfälle in einer Versicherungskohorte

Das μ beträgt in diesem Beispiel 4 (Prävalenz · n). Aus der Poisson-Verteilung lassen sich die Ergebnisse ablesen.

a) 1,83 %
b) 62,88 %
c) $1 - 0,8893 = 11,07$ %
d) $0,0595 + 0,0298 = 8,93$ %
e) $1 - 0,9919 = 0,81$ %

5.5.2 Seltene Erkrankung

Das μ beträgt in diesem Beispiel 0,2 (Prävalenz·n). Aus der Poisson-Verteilung lassen sich die Ergebnisse ablesen.

a) 81,87 %
b) 98,25 %
c) $1 - 0,9999 = 0,01$ %
d) $0,0164 + 0,0011 = 1,75$ %
e) siehe c)

5.6 Statistische Tests

5.6.1 Einseitig versus zweiseitige Tests

Ein einseitiger Test testet nur in eine Richtung. Mögliche Nullhypothesen lauten „Männer sind nicht größer als Frauen" oder „Frauen sind nicht kleiner als Männer" und die passenden Gegenhypothesen „Männer sind größer als Frauen" bzw. „Frauen sind kleiner als Männer".

Ein zweiseitiger Test testet hingegen in beide Richtungen. Eine mögliche Nullhypothese lautet „Männer und Frauen unterscheiden sich nicht in Hinblick auf ihre Körpergröße" und die passende Gegenhypothese „Männer und Frauen unterscheiden sich in Hinblick auf ihre Körpergröße". Die Hypothesenformulierung verdeutlicht, dass die „Richtung" des Unterschiedes offen ist.

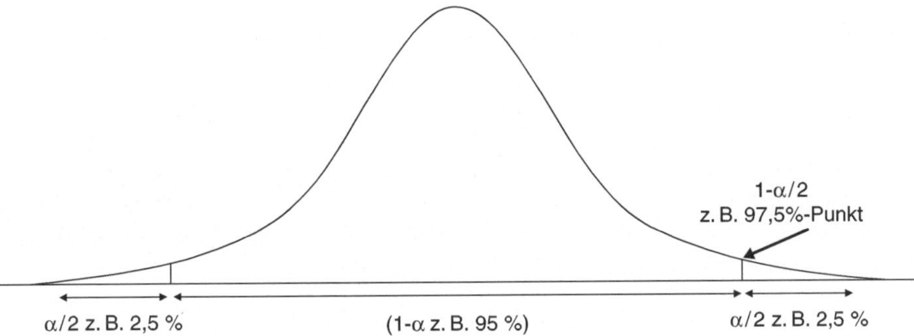

Die beiden Graphiken verdeutlichen, dass die Wahrscheinlichkeit, dass ein signifikanter Unterschied zwischen zwei Gruppen festgestellt wird, bei einem einseitigen Test höher ist als bei einem zweiseitigen Test.

5.6.2 *Diabetes mellitus Typ II*

a) Minimalwert: $x_{min} = 500$
   Maximalwert: $x_{max} = 15.000$

   Mittelwert: $\bar{x} = \dfrac{\sum\limits_{i=1}^{n} x_i}{n} = \dfrac{139.000}{36} = 3.861,11$

   Median (50 %-Punkt): $\tilde{x} = 3.000,00$
   Modalwert (häufigste Wert): $\hat{x} = 3.000,00$

b) Varianz: $s^2 = \dfrac{\sum (x_i - \bar{x})^2}{n-1} = \dfrac{367.805.556}{35} = 10.508.730,16$

   Standardabweichung: $\sqrt{s^2} = s = 3.241,72$

c) Um zu testen, ob sich die beiden Gruppen signifikant voneinander unterscheiden (unabhängig von der Richtung), muss ein zweiseitiger Test angewendet werden. Die Hypothesen lauten:

   Nullhypothese (H0): „Die Kosten der beiden Gruppen unterscheiden sich nicht in der Grundgesamtheit." Gegenhypothese (H1): „Die Kosten der beiden Gruppen unterscheiden sich in der Grundgesamtheit."

Die Formel zur Berechnung des Konfidenzintervalls (CI) lautet:

$$CI = \bar{x} \pm t_{df;\,1-\alpha/2} \cdot \hat{\sigma}_{\bar{x}}$$

$\hat\sigma_{\bar x}$ ist dabei der Standardfehler des Mittelwertes. Die Formel dafür lautet wie folgt:

$$\hat\sigma_{\bar x} = \frac{s}{\sqrt{n}}$$

(Die Standardabweichung aus der Stichprobe (s) gilt als erwartungstreuer Schätzer für Sigma (σ).)

In diesem Fall ergibt der Standardfehler: $\hat\sigma_{\bar x} = \dfrac{3.241,72}{\sqrt{36}} = 540,29$

Da es sich um einen zweiseitigen Test handelt, muss für das Quantil $1 - \alpha/2$ der entsprechende t-Wert aus der t-Tabelle herausgesucht werden. In der t-Tabelle ist bei dem 0,975-Quantil und 35 Freiheitsgraden $(n-1)$ ein t-Wert von ~2,03 angegeben. Damit ergibt sich folgendes Konfidenzintervall:

$$CI = 3.861,11 \pm 2,03 \cdot 540,29$$

Der 2,5 %-Punkt liegt dementsprechend bei 2.764,32 Euro und der 97,5 %-Punkt bei 4.957,90 Euro. Da μ_{nDMP} (der Erwartungswert der Nicht-Teilnehmer) innerhalb dieses Intervalls liegt, kann H0 nicht abgelehnt werden. Die Kosten der DMP-Teilnehmer unterscheiden sich laut den Berechnungen in der Grundgesamtheit nicht signifikant von den Kosten der Nicht-DMP-Teilnehmer.

Die folgende Graphik verdeutlicht die Ergebnisse:

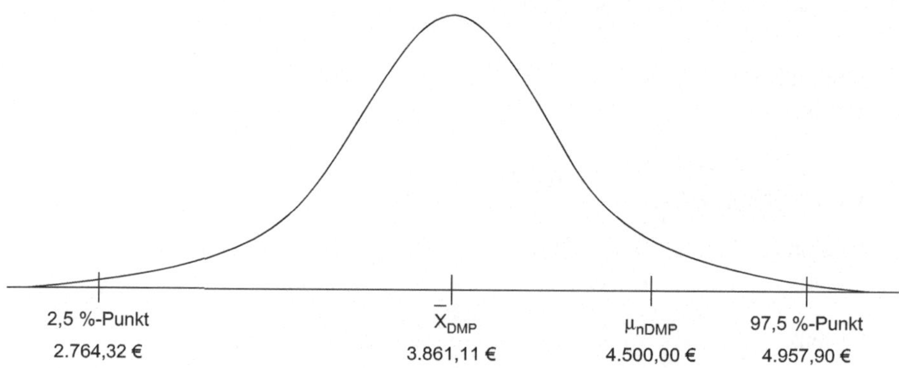

d) Wiederum muss das Konfidenzintervall berechnet werden:

$$CI = \bar x \pm t_{df;1-\alpha/2} \cdot \hat\sigma_{\bar x}$$

Durch das größere n verändert sich der Standardfehler des Mittelwertes:

$$\hat\sigma_{\bar x} = \frac{3.241,72}{\sqrt{151}} = 263,81$$

Der t-Wert für das 0,975-Quantil bei 150 Freiheitsgraden entspricht laut t-Tabelle einem Wert von ~1,98. Das Konfidenzintervall beträgt damit:

$$CI = 3.861,11 \pm 1,98 \cdot 263,81$$

Der 2,5 %-Punkt liegt dementsprechend bei 3.338,77 Euro und der 97,5 %-Punkt bei 4.383,45 Euro. Da μ_{nDMP} (der Erwartungswert der Nicht-DMP-Teilnehmer) nicht innerhalb dieses Intervalls liegt, kann H0 abgelehnt werden. Die Kosten der DMP-Teilnehmer unterscheiden sich den Berechnungen zufolge in der Grundgesamtheit signifikant von den Kosten der Nicht-DMP-Teilnehmer. Die folgende Graphik verdeutlicht die Ergebnisse.

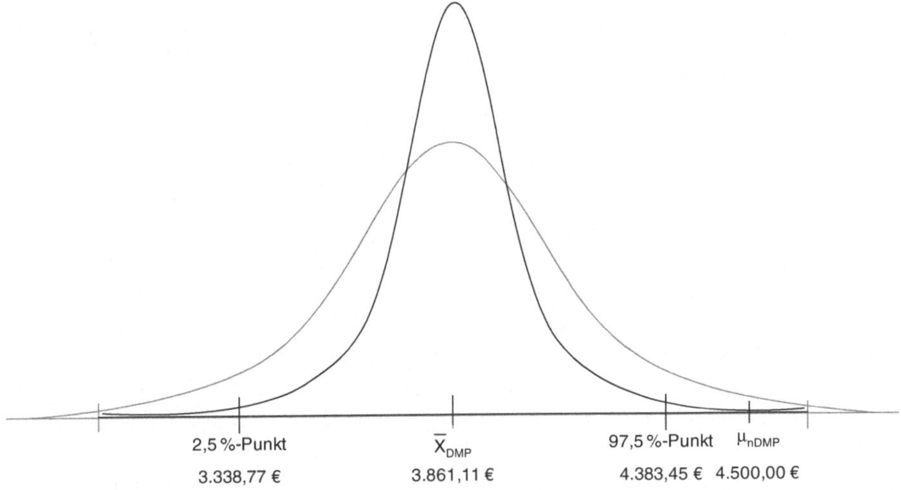

Anhand der Graphik wird deutlich, dass die Normalverteilung aus dem Aufgabenteil d) höher und schmaler ist im Vergleich zu der Verteilung aus Aufgabenteil c). Der Erwartungswert μ_{nDMP} liegt deutlich außerhalb der 95 %-Konfidenzintervalls.

e) Da es sich in diesem Beispiel um eine Kostenverteilung handelt und diese hier wie auch in der Realität häufig linkssteil bzw. rechtsschief (siehe Unterschied Median zu Mittelwert) verläuft, ist die Annahme der Normalverteilung zu kritisieren. Als Alternative zum T-Test kann z. B. der nicht-parametrische Mann-Whitney-U-Test verwendet werden.

5.6.3 Sind WiWi-Studierende wehleidiger?

a) Entsprechend der Aufgabenstellung lautet die Nullhypothese (H0): „Die Anzahl der Arztbesuche von WiWi-Studierenden unterscheidet sich nicht von der Anzahl an Arztbesuchen der Grundgesamtheit der Studierenden." Die Gegenhypothese (H1) lautet: „Die Anzahl der Arztbesuche von WiWi-Studierenden unterscheidet sich von der Anzahl an Arztbesuchen der Grundgesamtheit der Studierenden." H0 ist abzulehnen, wenn der Erwartungswert außerhalb des errechneten Intervalls liegt.

Da es sich bei diesem Test um einen zweiseitigen Test handelt, muss wiederum das Konfidenzintervall sowie der Standardfehler des Mittelwertes $\hat{\sigma}_{\bar{x}}$ wie folgt berechnet werden:

$$CI = \bar{x} \pm t_{df;1-\alpha/2} \cdot \hat{\sigma}_{\bar{x}}$$
$$\hat{\sigma}_{\bar{x}} = \frac{s}{\sqrt{n}}$$

(Die Standardabweichung aus der Stichprobe (s) gelten wiederum als erwartungstreuer Schätzer für Sigma (σ).)

In diesem Fall ergibt der Standardfehler: $\hat{\sigma}_{\bar{x}} = \dfrac{5,9}{\sqrt{51}} = 0,826$

In der t-Tabelle ist bei einem α von 0,1 und 50 Freiheitsgraden ein t-Wert ($t_{df;1-\alpha/2} = t_{50;0,95}$) von ~1,30 angegeben. Damit ergibt sich folgendes Konfidenzintervall:

$$CI = 8 \pm 1,30 \cdot 0,826.$$

Die Grenzen des 90 %-Intervalls liegen damit zwischen 6,93 und 9,07.

Der für die Grundgesamtheit festgestellte Wert von durchschnittlich 6 Arztbesuchen pro Jahr wird nicht von dem Konfidenzintervall überdeckt. Demzufolge ist die Nullhypothese, dass es keinen signifikanten Unterschied zwischen der WiWi-Studierendengruppe und der Grundgesamtheit der Studierenden gäbe, abzulehnen.

b) Bis auf das α-Niveau, welches nun 0,01 beträgt, bleiben die Werte unverändert. Der veränderte t-Wert für 50 Freiheitsgrade und einem 0,995 Niveau lautet $t_{df;1-\alpha/2} = t_{50;0,995} = 2,68$. Es ergibt sich für das Konfidenzintervall: $CI = 8 \pm 2,68 \cdot 0,826$. Die Grenzen des 99 %-Intervalls liegen damit zwischen 5,79 und 10,21. Dieses Konfidenzintervall überdeckt den kritischen Wert von 6 Arztbesuchen pro Jahr. Die Nullhypothese, dass es keinen signifikanten Unterschied zwischen der WiWi-Studierendengruppe und der Grundgesamtheit der Studierenden gäbe, kann damit nicht abgelehnt werden.

5.6.4 Fehlzeiten

Da der Mann-Whitney-U-Test ein nicht parametrisierter Test ist, muss zuerst eine Rangreihe der gesamten Stichprobe erstellt werden.

	1	2	3	4	5
Geschlecht	F	M	F	F	M
Fehlstunden	21	24	26	27	33
	6	**7**	**8**	**9**	**10**
Geschlecht	M	F	M	F	F
Fehlstunden	34	36	37	38	39
	11	**12**	**13**	**14**	**15**
Geschlecht	M	F	F	F	M
Fehlstunden	44	46	47	49	51
	16	**17**	**18**	**19**	**20**
Geschlecht	M	F	F	F	F
Fehlstunden	54	57	58	62	64

Die Stichprobe der Frauen umfasst $m = 13$ Beobachtungen. Ihre Rangwertsumme (Summe der Ränge, die von Frauen besetzt sind) ist $R_1 = 147$. Die Stichprobe der Männer umfasst $n = 7$ Beobachtungen bei einer Rangwertsumme von $R_2 = 63$. Aus diesen Angaben lassen sich die U-Werte U_1 und U_2 berechnen.

$$U_1 = m \cdot n + \frac{m(m + 1)}{2} - R_1$$

$$U_1 = 13 \cdot 7 + \frac{13(13 + 1)}{2} - 147 = 35$$

$$U_2 = m \cdot n + \frac{n(n + 1)}{2} - R_2$$

$$U_2 = 13 \cdot 7 + \frac{7(7 + 1)}{2} - 63 = 56$$

Das Minimum der U-Werte ist offensichtlich $U_{min} = 35$. Der U_{min}-Wert ist mit dem kritischen U-Wert der Mann-Whitney-U-Statistik zu vergleichen. Die Nullhypothese H0 „Beide Stichproben entstammen der gleichen Verteilung" ist abzulehnen, wenn $U_{min} < U_{krit}$. Hier ergibt sich $35 > 20$, also ist die Nullhypothese nicht abzulehnen und davon auszugehen, dass es keinen signifikanten Unterschied bei den Fehlzeiten von Männern und Frauen gibt.

5.6.5 *Korrekte Verteilung?*

Es würden nach dem Modell des Mediziners folgende Häufigkeiten in den einzelnen Klassen erwartet:

Altersklasse	Registrierte Erkrankte n_i	Prävalenz	Erwartete Erkrankte $\tilde{n}_i$
< 10 Jahre	15	20%	20
10-30 Jahre	40	30%	30
30-50 Jahre	30	30%	30
> 50 Jahre	15	20%	20

Zunächst wird die Chi-Quadrat Teststatistik berechnet:

$$\chi^2 = \sum_{i=1}^{k} \frac{(n_i - \tilde{n}_i)^2}{\tilde{n}_i}$$

$$= \frac{(15 - 20)^2}{20} + \frac{(40 - 30)^2}{30} + \frac{(30 - 30)^2}{30} + \frac{(15 - 20)^2}{20} = 5{,}83$$

Diese muss mit der Prüfgröße χ^2 verglichen werden. Df bezeichnet die Freiheitsgrade, wobei sich diese durch $df = n - k - m - 1$ berechnen. k und m bezeichnen dabei die Anzahl der geschätzten Parameter und n die Klassenanzahl. Hier ergibt sich $df = 4 - 0 - 0 - 1 = 3$. Die Nullhypothese „Die Verteilung F_0 folgt der Verteilung F" ist abzulehnen, falls gilt: $\chi^2 > \chi^2_{df;\,1-\alpha}$. Für den vorliegenden Fall ergibt sich $5{,}83 < 7{,}815$, also ist die Nullhypothese nicht abzulehnen. Der Mediziner hat demnach ein geeignetes Modell aufgestellt.

5.7 Korrelation und Regression

5.7.1 *Korrelation versus Regression*

Die Korrelationsanalyse untersucht einen ungerichteten Zusammenhang. Die Abhängigkeitsbeziehung der Merkmale ist dabei unbekannt. Bei der Regressionsanalyse ist der Regressant (y) hingegen immer abhängig vom Regressor (x). Die Regressionsanalyse fragt dabei explizit nach der Richtung des Zusammenhanges. Beiden Analysen ist also gemein, dass sie Zusammenhänge zwischen zwei Merkmalen messen. Die Korrelation liefert Maßzahlen (z. B. den Korrelationskoeffizienten), welche die Stärke des Zusammenhangs beschreiben, während die lineare Regressionsanalyse in der Schätzung der sogenannten Regressionsgeraden mündet, die den Zusammenhang der beiden Merkmale als „Ausgleichsgerade" graphisch darstellt.

5.7.2 *Rauchen & Alkohol*

Beobachtung i	x_i	y_i	x_i^2	y_i^2	x·y
1	3	30	9	900	90
2	1	50	1	2.500	50
3	5	60	25	3.600	300
4	3	10	9	100	30
5	7	50	49	2.500	350
6	2	30	4	900	60
7	7	20	49	400	140
8	8	10	64	100	80
9	6	40	36	1.600	240
10	6	70	36	4.900	420
11	2	80	4	6.400	160
12	5	60	25	3.600	300
13	4	90	16	8.100	360
Summe	**59**	**600**	**327**	**35.600**	**2.580**

Daraus ergibt sich $\bar{x} = 4{,}5385$, $\bar{y} = 46{,}1538$, $\overline{x^2} = 25{,}1538$, $\overline{y^2} = 2738{,}4615$ und $\overline{xy} = 198{,}4615$.

Mit diesen Angaben lässt sich nun der Korrelationskoeffizient r berechnen:

$$r = \frac{\overline{xy} - \bar{x} \cdot \bar{y}}{\sqrt{(\overline{x^2} - \bar{x}^2)(\overline{y^2} - \bar{y}^2)}}$$

$$r = \frac{198{,}4615 - 4{,}5385 \cdot 46{,}1538}{\sqrt{(25{,}1538 - 4{,}5385^2)(2738{,}4615 - 46{,}1538^2)}} = -0{,}2091$$

Insgesamt zeigt sich ein nur schwach negativer Zusammenhang, wobei eine Übertragung auf die Grundgesamtheit nicht vorgenommen werden kann.

5.7.3 *Die Störgröße im Regressionsmodell*

Die Störgröße ist eine Restgröße im Regressionsmodell, durch die Abweichungen des Modells gegenüber den beobachteten Werten ausgeglichen werden. Die Abweichungen resultieren im Wesentlichen aus zwei Hauptquellen. Die erste Quelle sind die nicht beobachtbaren Einflussgrößen. Die zweite Quelle sind Fehler verschiedenster Art, welche die Schätzung von der Realität abweichen lassen.

5.7.4 *Zappelphillip*

a) Aus den Daten lässt sich berechnen:

$$\sum x_i = 15{,}6 \qquad \bar{x} = 1{,}56$$

$$\sum y_i = 533 \qquad \bar{y} = 53{,}3$$

$$\sum xy = 1012{,}5 \quad \overline{xy} = 101{,}25$$

$$\sum x^2 = 33{,}94 \quad \overline{x^2} = 3{,}394$$

Für den Steigungsfaktor $\hat{b}$ ergibt sich demnach

$$\hat{b} = \frac{\overline{xy} - \bar{x} \cdot \bar{y}}{\overline{x^2} - \bar{x}^2}$$

$$\hat{b} = \frac{101{,}25 - 1{,}56 \cdot 53{,}3}{3{,}394 - 1{,}56^2} = 18{,}8484$$

Mit $\hat{b}$ lässt sich die Konstante $\hat{a}$ berechnen. Es ist

$$\hat{a} = \bar{y} - \hat{b} \cdot \bar{x}$$

$$\hat{a} = 53{,}3 - 18{,}8484 \cdot 1{,}56 = 23{,}8965$$

Die Regressionsgerade lautet demnach

$$\hat{y}_i = 23{,}8964 + 18{,}8484 \cdot x_i$$

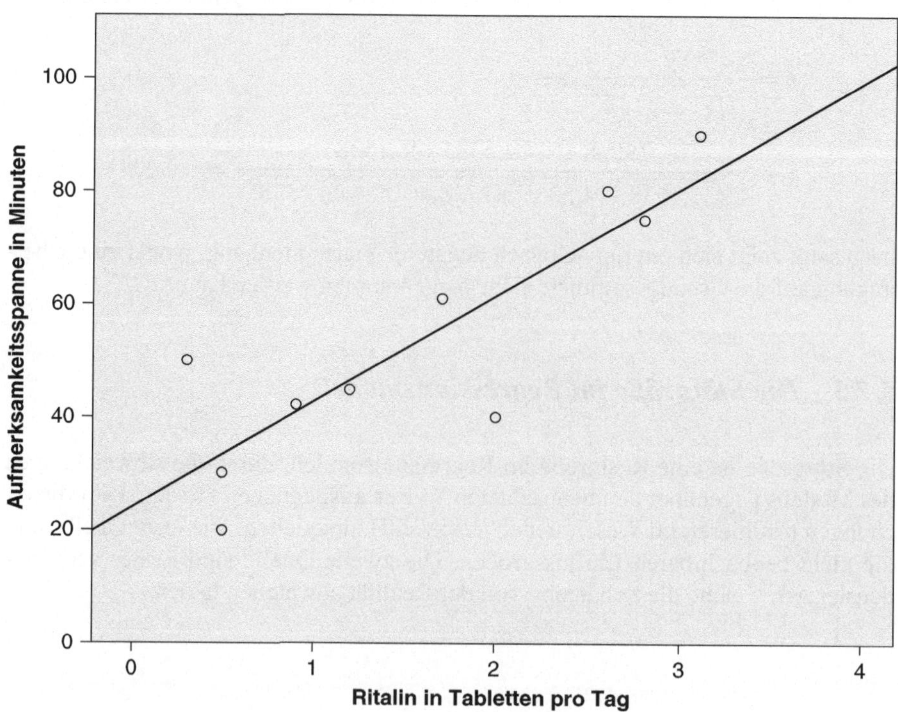

b)

Kind i	1	2	3	4	5
Retalin-Tabletten pro Tag (x)	2	0,3	3,1	2,8	2,6
Aufmerksamkeitsspanne in Minuten (y)	40	50	90	75	80
Durch die Regression geschätzte Werte $\hat{y}_i$	61,59	29,55	82,33	76,67	72,9
Residuen $u = \hat{y}_i - y_i$	−21,59	20,45	7,67	−1,67	7,1
Kind i	6	7	8	9	10
Retalin-Tabletten pro Tag (x)	0,5	1,2	0,5	0,9	1,7
Aufmerksamkeitsspanne in Minuten (y)	20	45	30	42	61
Durch die Regression geschätzte Werte $\hat{y}_i$	33,32	46,51	33,32	40,86	55,94
Residuen $u = \hat{y}_i - y_i$	−13,32	−1,51	−3,32	1,14	5,06

c)
$$R^2 = 1 - \frac{\sum\limits_{i=1}^{n} \hat{u}_i^2}{\sum\limits_{i=1}^{n} (y_i - \bar{y})^2} = \frac{\sum\limits_{i=1}^{n} (\hat{y}_i - \bar{y})^2}{\sum\limits_{i=1}^{n} (y_i - \bar{y})^2} = 0{,}7376$$

Das Bestimmtheitsmaß misst die Güte der Modellanpassung. Die Güte kann in dem vorliegenden Beispiel als gut eingestuft werden, da 73,76 % der Variabilität der Daten durch das Modell erklärt wird.

Kapitel 6
Gesundheitsökonomische Fragestellungen

6.1 Kosten und Nutzen

6.1.1 Hals- und Beinbruch

Direkte medizinische Kosten	Direkte nicht-medizinische Kosten	Indirekte Kosten	Intangible Kosten
Ambulante Arztrechnung (450 Euro)	Taxifahrten (50 Euro)	Produktivitätsverluste (5.000 Euro)	Schmerzen (300 Euro)
Krankenhausaufenthalt (1.500 Euro)	Patientenzeitverluste (500 Euro)		
Krücken (25 Euro)			
Schmerzmittel (100 Euro)			
Physiotherapie (400 Euro)			

6.1.2 Kosten im Krankenhaus

a) Hierüber kann keine Aussage getroffen werden. Dies hängt u. a. von der Effektivität der Behandlungen und – je nach Perspektive – von der Honorierungsform ab.

b) Die Kosten der Behandlung A betragen durchschnittlich 210 Euro (2.100/10), die der Behandlung B 300 Euro (2.100/7) pro Tag.

c) Die Einsparungen betragen 750 Euro (250·3).

d) Die inkrementellen Kosten aus Sicht der Krankhausleitung betragen Null.

e) Die marginalen Einsparungen betragen 100 Euro pro Tag nach dem 7. Behandlungstag (zusammen 300 Euro).

A. Prenzler et al., *Übungen zu Public Health und Gesundheitsökonomie*, DOI 10.1007/978-3-642-13505-7_6, © Springer-Verlag Berlin Heidelberg 2010

6.1.3 Operation als „Investition"?

Zeitpunkt t	ohne OP diskontiert (€)	ohne OP kumuliert und diskontiert (€)	mit OP diskontiert (€)	mit OP kumuliert und diskontiert (€)
0	4.380,00	4.380,00	16.365,00	16.365,00
1	4.171,43	8.551,43	347,62	16.712,62
2	3.972,79	12.524,22	331,07	17.043,69
3	2.080,98	14.605,20	346,83	17.390,52
4	1.981,89	16.587,09	330,32	17.720,84
5	1.887,51	18.474,60	314,59	18.035,43
6	1.977,40	20.452,00	329,57	18.365,00
7	1.883,23	22.335,23	313,87	18.678,87
8	1.793,56	24.128,79	298,93	18.977,80
9	1.878,96	26.007,75	313,16	19.290,96
10	1.789,49	27.797,24	298,25	19.589,21

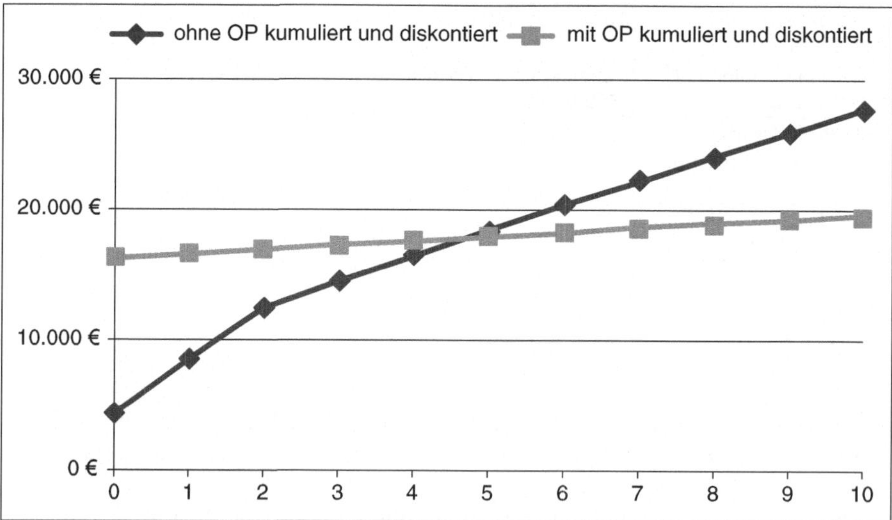

In der langfristigen Betrachtung scheint die Operation aus Kostengründen sinnvoller zu sein, da die Operation „als Investition" kumuliert geringere Kosten verursacht als die reine Medikationsstrategie. Jedoch wurden in der Aufgabenstellung keine Aussagen über Risiken der Operation sowie Nebenwirkungen der beiden Medikationen getroffen. Desweiteren ist nichts über die Lebenserwartung in Abhängigkeit der beiden Alternativen bekannt. Außerdem wurden Aspekte der Lebensqualität nicht in die Analyse einbezogen. Eine fundierte Aussage ist aufgrund der fehlenden Angaben nicht möglich.

6.1.4   Dialyse versus Nierentransplantation

a)

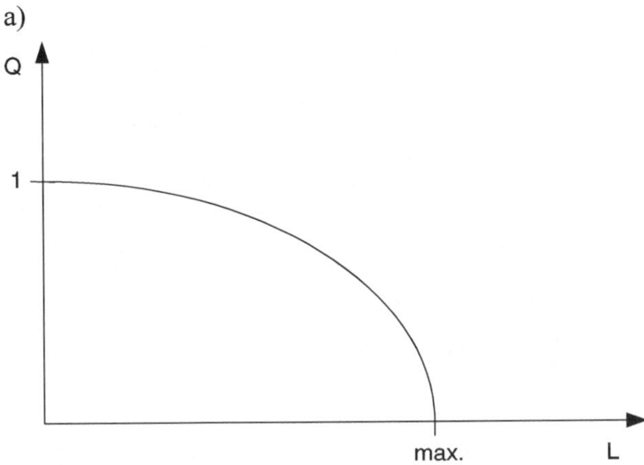

b)

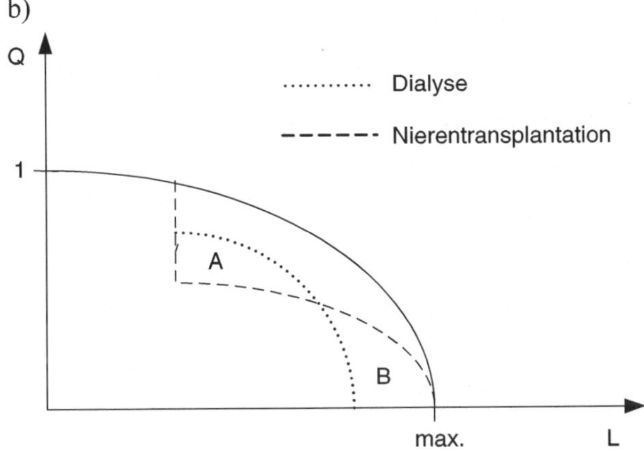

c) Da die Kosten beider Behandlungsregime identisch sind, muss die Entscheidung über die Effektivität der alternativen Behandlungsregime getroffen
werden. In diesem Fall drückt sich diese über die QALYs aus. Es müssen
also die Unterschiede der beiden Regime, ausgedrückt in QALYs, betrachtet werden. Im vorliegenden Fall lohnt sich die Transplantation genau dann,
wenn die durch die Operation zunächst eingebüßte Lebensqualität, später
überkompensiert wird. In unserem Fall liegt dies vor, wenn Fläche B größer
ist als Fläche A.

6.1.5 Länger oder besser leben – oder beides?

a)

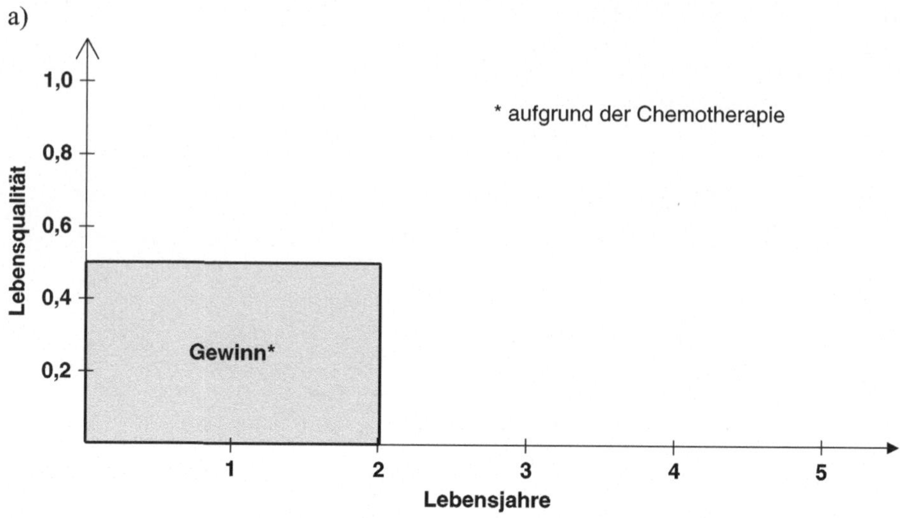

Ohne Diskontierung beträgt der Zuwachs durch die Therapie 1 QALY ($0,5 \cdot 2$). Bei einer Diskontierung mit der Rate 5 % wird der Gewinn reduziert auf 0,9762 QALY ($0,5 \cdot 1 + (0,5 \cdot 1/1,05)$).

b)

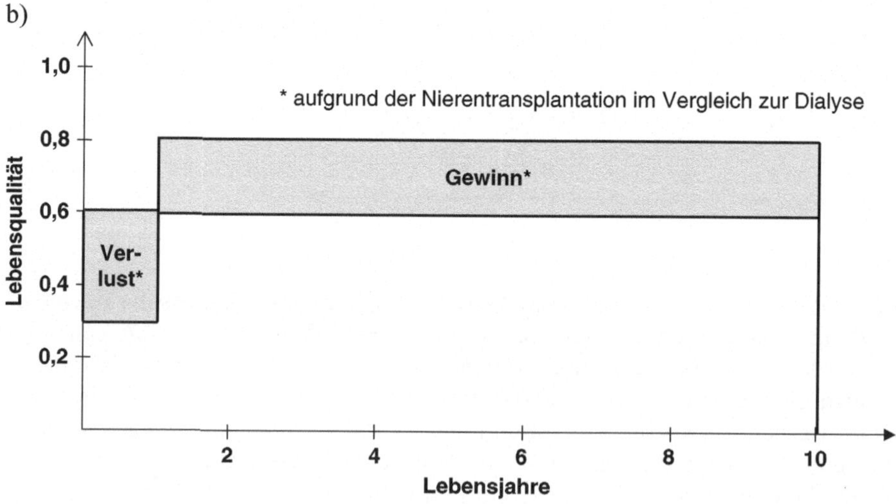

Ohne Diskontierung:
Dialyse: $0{,}6 \cdot 10 = 6$ QALY
Nierentransplantation: $0{,}3 \cdot 1 + 0{,}8 \cdot 9 = 7{,}5$ QALY

Demnach kann über einen Zeitraum von 10 Jahren durch eine Nierentransplantation im Vergleich zu der Therapie „Dialyse" ein QALY-Zuwachs in Höhe von 1,5 erreicht werden.

Mit Diskontierung:
Dialyse: $0{,}6 \cdot \left(1 + \dfrac{1}{1{,}05} + \dfrac{1}{1{,}05^2} + \cdots + \dfrac{1}{1{,}05^9} \right) = 0{,}6 \cdot 8{,}1078 = 4{,}8647$

Nierentransplantation:

$$0{,}3 + 0{,}8 \cdot \left(\dfrac{1}{1{,}05} + \dfrac{1}{1{,}05^2} + \cdots + \dfrac{1}{1{,}05^9} \right) = 0{,}3 + (0{,}8 \cdot 7{,}1078) = 5{,}9863$$

Demnach kann über einen Zeitraum von 10 Jahren durch eine Nierentransplantation im Vergleich zu der Therapie „Dialyse" ein QALY-Zuwachs in Höhe von 1,1216 (inkl. Diskontierung) erreicht werden.

c)

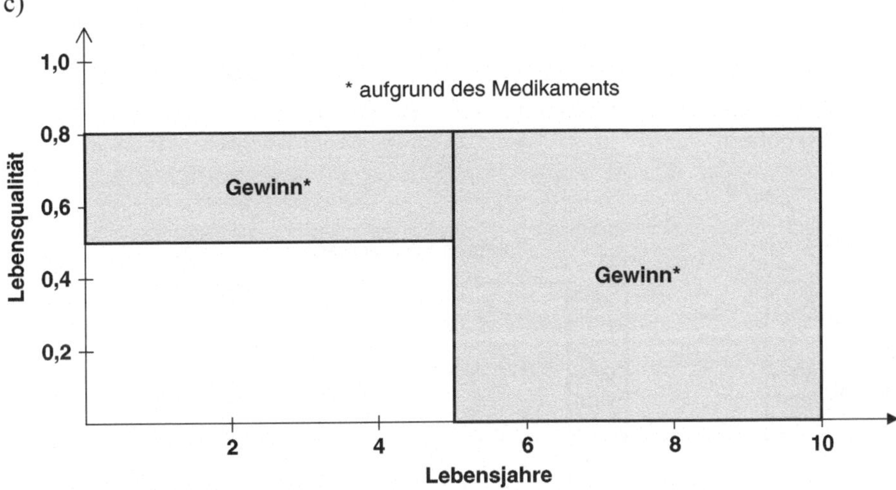

Ohne Diskontierung:
QALY-Zuwachs durch Medikament: $(0{,}8 - 0{,}5) \cdot 5 + 0{,}8 \cdot 5 = 5{,}5$ QALY

Mit Diskontierung:
QALY-Zuwachs durch Medikament:

$$(0{,}8 - 0{,}5) \cdot \left(1 + \dfrac{1}{1{,}05} + \dfrac{1}{1{,}05^2} + \dfrac{1}{1{,}05^3} + \dfrac{1}{1{,}05^4} \right)$$

$$+ \, 0{,}8 \cdot \left(\dfrac{1}{1{,}05^5} + \dfrac{1}{1{,}05^6} + \cdots + \dfrac{1}{1{,}05^9} \right) = 4{,}2133 \text{ QALY}$$

d)

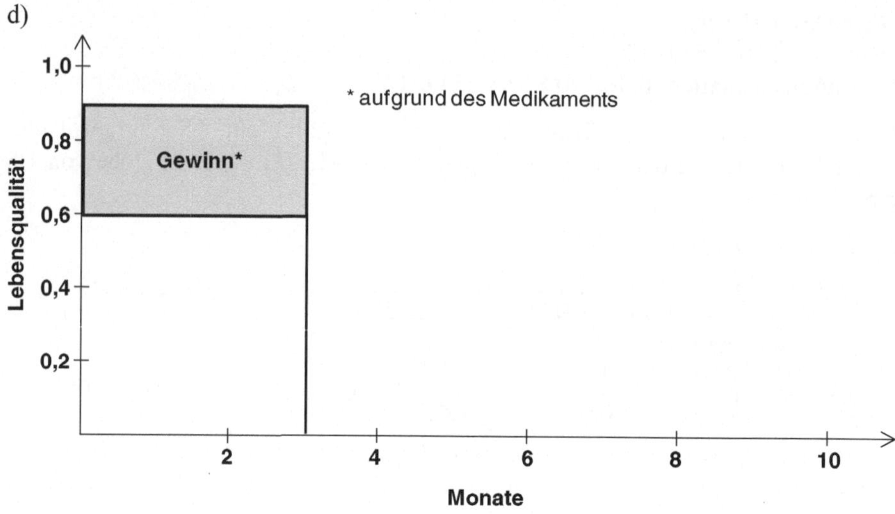

QALY-Zuwachs aufgrund des Medikaments: $(0,9 - 0,6) \times \dfrac{3}{12} = 0{,}075$ QALY

Da sich der betrachtete Zeitraum nur über drei Monate erstreckt, wird der Nutzen nicht diskontiert.

e)

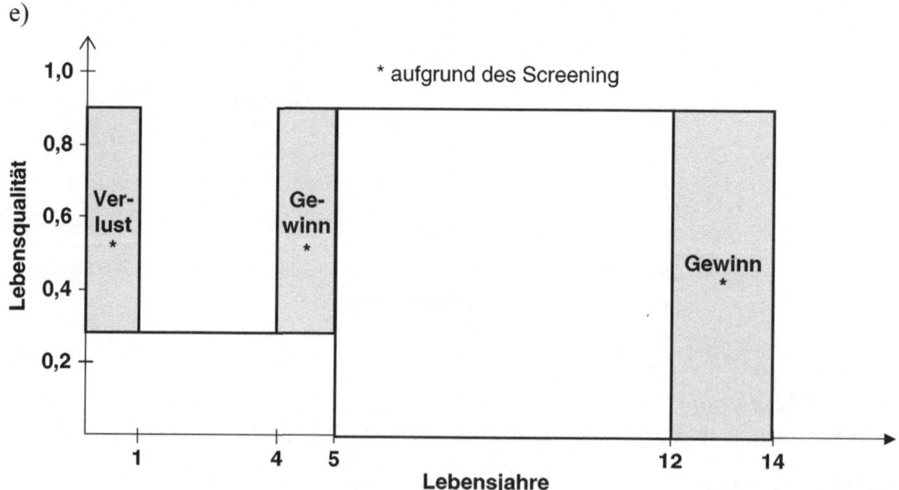

Ohne Diskontierung:
Mit Screening: $0,3 \cdot 4 + 0,9 \cdot 10 = 10{,}2$ QALY
Ohne Screening: $0,9 \cdot 1 + 0,3 \cdot 4 + 0,9 \cdot 7 = 8{,}4$ QALY

Demnach führt das Screening über einen Zeitraum von 14 Jahren zu einem QALY-Zuwachs in Höhe von 1,8.

(Alternative Methode: An der Abbildung ist erkennbar, dass der QALY-Zuwachs nur auf dem rechten grauen Balken beruht ($0{,}9 \cdot 2 = 1{,}8$), da sich die anderen beiden Balken aufgrund der fehlenden Diskontierung „aufheben").

Mit Diskontierung:
Mit Screening:

$$0{,}3 \cdot \left(1 + \frac{1}{1{,}05} + \frac{1}{1{,}05^2} + \frac{1}{1{,}05^3}\right) + 0{,}9 \cdot \left(\frac{1}{1{,}05^4} + \cdots + \frac{1}{1{,}05^{13}}\right) = 7{,}1203$$

Ohne Screening:

$$0{,}9 + 0{,}3 \cdot \left(\frac{1}{1{,}05} + \cdots + \frac{1}{1{,}05^4}\right) + 0{,}9 \cdot \left(\frac{1}{1{,}05^5} + \cdots + \frac{1}{1{,}05^{11}}\right) = 6{,}2482$$

Demnach führt das Screening über einen Zeitraum von 14 Jahren zu einem QALY-Zuwachs in Höhe von 0,8721 (inkl. Diskontierung).

f)

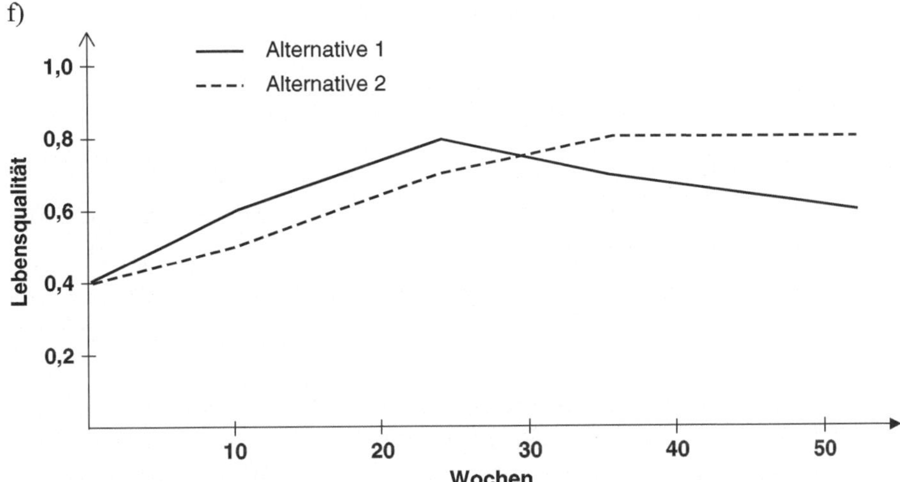

Alternative 1:

$$\frac{\left(\frac{0{,}4 + 0{,}6}{2}\right) \cdot 10 + \left(\frac{0{,}6 + 0{,}8}{2}\right) \cdot 14 + \left(\frac{0{,}8 + 0{,}7}{2}\right) \cdot 12 + \left(\frac{0{,}7 + 0{,}6}{2}\right) \cdot 16}{52}$$

$$= 0{,}6577$$

Alternative 2:

$$\frac{\left(\frac{0{,}4 + 0{,}5}{2}\right) \cdot 10 + \left(\frac{0{,}5 + 0{,}7}{2}\right) \cdot 14 + \left(\frac{0{,}7 + 0{,}8}{2}\right) \cdot 12 + \left(\frac{0{,}8 + 0{,}8}{2}\right) \cdot 16}{52}$$

$$= 0{,}6673$$

Insgesamt führt die zweite Alternative über den Zeitraum von 52 Wochen zu einer leicht höheren Lebensqualität im Vergleich zu Alternative 1 (+0,0096).

6.2   Inkrementelle Kosteneffektivität

6.2.1   Osteoporose

a) Im Vergleich zu dem Standardpräparat betragen die inkrementellen Kosten 5.000 Euro. Der Nutzenzuwachs, ausgedrückt in QALY, beträgt 0,05. Damit belaufen sich die Kosten für einen zusätzlichen QALY auf 100.000 Euro.
b) Die Kosten für „OsteoN" dürften höchstens 7.500 Euro betragen.

6.2.2   Darmkrebs-Screening-Programm

In der folgenden Tabelle sind die Ergebnisse dargestellt:

	Kohorte	Darmkrebs-Fälle in Kohorte	Identifizierte Darmkrebs-Fälle	Identifizierte Fälle kumuliert	Unentdeckte Fälle	Gesamtkosten pro Screening	Gesamt-kosten kumuliert	Durchschnitts-kosten pro identifizierten Fall	ICER
1. Screening	100.000,00	5.000,00	4.400,00	4.400,00	600,00	5.000.000,00	5.000.000,00	1.136,36	1.136,36
2. Screening	95.600,00	600,00	528,00	4.928,00	72,00	4.780.000,00	9.780.000,00	1.984,58	9.053,03
3. Screening	95.072,00	72,00	63,36	4.991,36	8,64	4.753.600,00	14.533.600,00	2.911,75	75.025,25
4. Screening	95.008,64	8,64	7,60	4.998,96	1,04	4.750.432,00	19.284.032,00	3.857,61	625.056,84
5. Screening	95.001,04	1,04	0,92	4.999,88	0,12	4.750.052,00	24.034.084,00	4.806,93	5.163.100,00

Nach dem 5. Screening sind statistisch gesehen über 99,99 % der Darmkrebs-Fälle und damit alle 5.000 Fälle in der Kohorte identifiziert. Die durchschnittlichen Kosten pro identifizierten Fall nehmen dabei von 1.136 Euro auf über 4.800 Euro zu. Die marginalen Kosten für die Screening-Programme nehmen mit der Zeit ab, da die bereits vorher identifizierten Darmkrebs-Fälle nicht ein zweites Mal gescreent werden. Jedoch nimmt das inkrementelle Kosteneffektivitäts-Verhältnis mit der Zeit zu. Während das ICER bei der ersten Untersuchung noch 1.136 Euro beträgt, müssen 5,2 Mio. Euro aufgewendet werden, um den letzten der 5.000 Darmkrebs-Fälle in der Kohorte zu identifizieren.

Die folgende Graphik verdeutlicht noch einmal die Unterschiede zwischen der Marginal- (dicke schwarze Linie) und der Durchschnittskostenbetrachtung. Dabei kommt es nicht auf die durchschnittlichen Kosten, sondern auf die Grenzkosten an. Die Aussage, dass die Durchschnittskosten nur 5.000 Euro pro Fall betragen, ist für ökonomische Analysen dieser Art nicht entscheidend.

Die Frage, wie viel Geld die Gesellschaft oder eine Krankenkasse bereit ist, für ein Screening-Programm auszugeben, hängt noch von anderen Faktoren ab, z. B.

wie viel Kosten die Krankheit verursacht, wie hoch die Heilungschancen nach einem entdeckten Krebs sind und nicht zuletzt – in Zeiten von Budgetrestriktionen – wie die finanziellen Mittel für die Screening-Programme alternativ ausgegeben werden können.

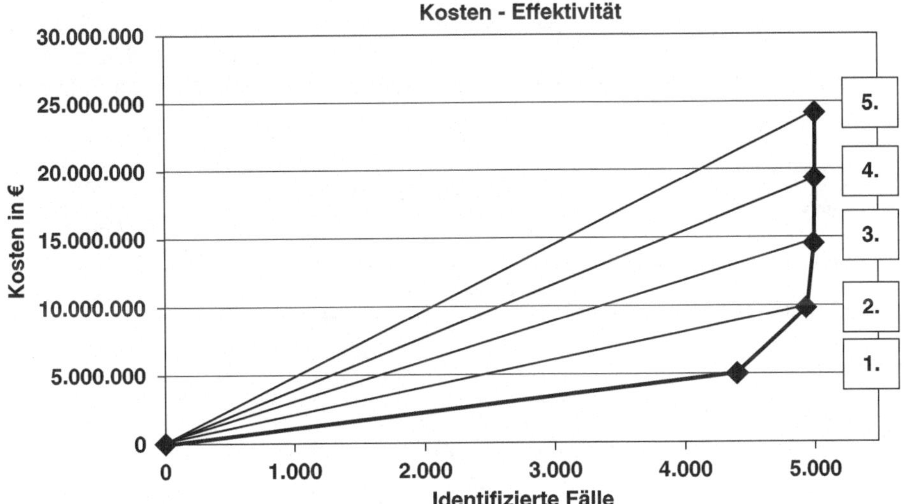

6.2.3 AIDS

a)

	Kosten	Δ Kosten	Effektivität	Δ Effektivität
Anti-A	5.000	5.000	0,2	0,2
Anti-X	12.000	7.000	0,3	0,1
Anti-Z**	13.000	1.000	0,25	−0,05
Anti-Y	15.000	2.000	0,4	0,15

** Da das Präparat Anti-Z teurer und gleichzeitig uneffektiver als die Medikation Anti-X ist, wird Anti-Z von Anti-X dominiert.

	Kosten	Δ Kosten	Effektivität	Δ Effektivität	ICER
Anti-A	5.000	5.000	0,2	0,2	25.000,00
Anti-X**	12.000	7.000	0,3	0,1	70.000,00
Anti-Y	15.000	3.000	0,4	0,1	30.000,00

** Da das ICER von Anti-X höher als das ICER von Anti-Y ist, wird Anti-X von Anti-Y erweitert bzw. schwach dominiert.

	Kosten	Δ Kosten	Effektivität	Δ Effektivität	ICER
Anti-A	5.000	5.000	0,2	0,2	25.000,00
Anti-Y	15.000	10.000	0,4	0,2	50.000,00

Das ICER von Anti-Y beträgt 50.000 Euro. Das bedeutet, dass laut Berechnungen ein zusätzliches QALY 50.000 Euro kostet.

Anhand des Wertes an sich kann keine Empfehlung abgegeben werden. Weitere Informationen über die Erkrankung sind für eine Bewertung nötig. Zudem müssen ethische, soziale, juristische, politische und Budgetierungsaspekte in die Entscheidung einbezogen werden.

b)

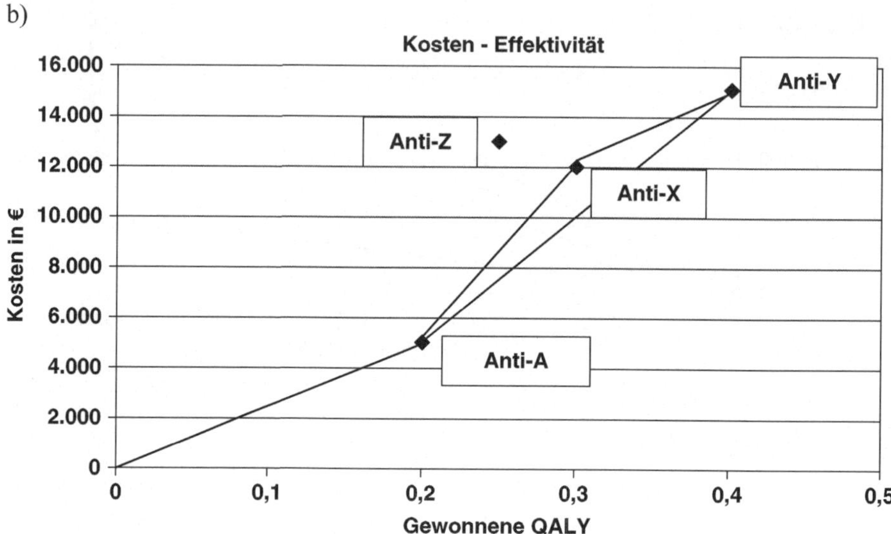

An der Graphik ist erkennbar, dass das Präparat Anti-Z von Anti-X dominiert wird (höhere Kosten und niedrigere Effektivität). Anti-X liegt oberhalb der Linearkombination von Anti-A zu Anti-Y; daher wird Anti-X erweitert bzw. schwach dominiert.

6.2.4   Demenz

a)

Studie 1	Kosten	Δ Kosten	Effektivität	Δ Effektivität
Placebo	0	0	−1,69	1,69
90 mg	200	200	−1,54	0,15
60 mg**	220	20	−1,59	−0,05
180 mg	300	80	−1,32	0,27

** Da das Medikament in der 60 mg-Dosierung teurer und uneffektiver ist, wird es von dem 90 mg-Präparat dominiert

Studie 1	Kosten	Δ Kosten	Effektivität	Δ Effektivität	ICER
Placebo	0	0	−1,69	1,69	−
90 mg**	200	200	−1,54	0,15	1.333,33
180 mg	300	100	−1,32	0,22	454,55

** Da das ICER des 90 mg-Präparates über dem des 180 mg-Präparates liegt, liegt eine erweiterte Dominanz vor.

Studie 1	Kosten	Δ Kosten	Effektivität	Δ Effektivität	ICER
Placebo	0	0	−1,69	1,69	−
180 mg	300	300	−1,32	0,37	810,81

Das ICER beträgt 810,81 Euro. Das bedeutet, dass laut Berechnungen ein „nicht verlorener" MMS-Punkt 810,81 Euro kostet.

Anhand des Wertes an sich kann keine Empfehlung abgegeben werden. Weitere Informationen über die Erkrankung sind für eine Bewertung nötig. Zudem müssen ethische, soziale, juristische, politische und Budgetierungsaspekte in die Entscheidung einbezogen werden.

b)

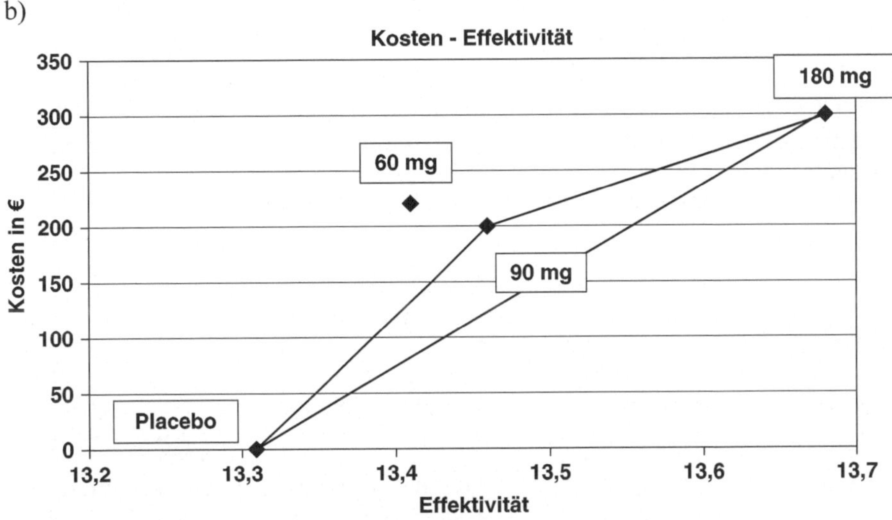

An der Graphik wird deutlich, dass das 60 mg-Präparat teurer aber weniger effektiv als das 90 mg-Präparat ist. Das 90 mg-Präparat wird wiederum in der inkrementellen Betrachtung von dem 180 mg-Präparat erweitert dominiert.

c)

Studie 2	Kosten	Δ Kosten	Effektivität	Δ Effektivität
Placebo	0	0	−2,25	2,25
90 mg	200	200	−1,82	0,43
60 mg**	220	20	−1,91	−0,09
180 mg	300	80	−1,41	0,5

** Da das Medikament in der 60 mg-Dosierung nach wie vor teurer und uneffektiver ist, wird es von dem 90 mg-Präparat dominiert.

Studie 2	Kosten	Δ Kosten	Effektivität	Δ Effektivität	ICER
Placebo	0	0	−2,25	2,25	−
90 mg**	200	200	−1,82	0,43	465,12
180 mg	300	100	−1,41	0,41	243,90

** Da das inkrementelle Kosteneffektivitäts-Verhältnis des 90 mg-Präparates über dem des 180 mg-Präparates liegt, liegt eine erweiterte Dominanz vor.

Studie 2	Kosten	Δ Kosten	Effektivität	Δ Effektivität	ICER
Placebo	0	0	−2,25	2,25	−
180 mg	300	300	−1,41	0,84	357,14

Das ICER beträgt 357,14 Euro, d. h. das ICER verringert sich um über 50 % im Vergleich zu den Daten aus Studie 1. Eine Empfehlung kann aufgrund der bereits erwähnten fehlenden Informationen nicht gegeben werden. Das 60 und 90 mg-Präparat werden wiederum dominiert bzw. erweitert dominiert.

d)

Placebo							
t	MMS	Kosten (0 %)	kumuliert	Kosten (5 %)	kumuliert	Kosten (10 %)	kumuliert
0	24,00	3.950,00	3.950,00	3.950,00	3.950,00	3.950,00	3.950,00
1	22,31	3.950,00	7.900,00	3.761,90	7.711,90	3.590,91	7.540,91
2	20,62	4.500,00	12.400,00	4.081,63	11.793,53	3.719,01	11.259,92
3	18,93	4.500,00	16.900,00	3.887,27	15.680,80	3.380,92	14.640,84
4	17,24	4.500,00	21.400,00	3.702,16	19.382,96	3.073,56	17.714,40
5	15,55	5.900,00	27.300,00	4.622,80	24.005,76	3.663,44	21.377,84
6	13,86	5.900,00	33.200,00	4.402,67	28.408,43	3.330,40	24.708,24

180 mg							
t	MMS	Kosten (0 %)	kumuliert	Kosten (5 %)	kumuliert	Kosten (10 %)	kumuliert
0	24,00	4.250,00	4.250,00	4.250,00	4.250,00	4.250,00	4.250,00
1	22,68	4.250,00	8.500,00	4.047,62	8.297,62	3.863,64	8.113,64
2	21,36	4.250,00	12.750,00	3.854,88	12.152,50	3.512,40	11.626,04
3	20,04	4.800,00	17.550,00	4.146,42	16.298,92	3.606,31	15.232,35
4	18,72	4.800,00	22.350,00	3.948,97	20.247,89	3.278,46	18.510,81
5	17,40	4.800,00	27.150,00	3.760,93	24.008,82	2.980,42	21.491,23
6	16,08	4.800,00	31.950,00	3.581,83	27.590,65	2.709,47	24.200,70

Anhand der Tabelle zeigt sich, dass bei einem Diskontsatz von 0 % die Lebenserwartung des Patienten mindestens fünf Jahre betragen muss, damit sich eine Behandlung mit dem Medikament X (180 mg) aus reinen Kostengesichtspunkten lohnt. Wird ein Diskontsatz von 5 bzw. 10 % angesetzt, muss die Lebenserwartung mindestens sechs Jahre betragen. Für eine umfassende Analyse müssten zudem noch Nutzenaspekte (z. B. Lebensqualität in einzelnen Demenzstadien) berücksichtigt werden.

6.3 Entscheidungsbäume

6.3.1 Fahrkarte kaufen oder Schwarzfahren?

a) Entscheidungsbaum:

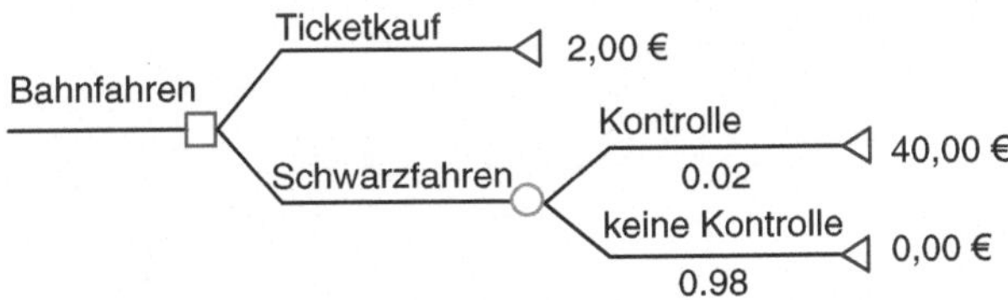

Erwartungswert „Schwarzfahren": $40 \cdot 0{,}02 = 0{,}80$ Euro

Da die erwartete Zahlung beim Schwarzfahren mit 80 Cent geringer ist als der Kauf eines Tickets in Höhe von 2,00 Euro, ist es als risikoneutraler Bahnfahrer rational, schwarz zu fahren.

b) Erwartungswert „Schwarzfahren": $40 \cdot 0{,}1 = 4{,}00$ Euro

Bei der erhöhten Wahrscheinlichkeit ist es rational, sich ein Ticket zu kaufen, da der zu zahlende Erwartungswert beim Schwarzfahren auf 4 Euro gestiegen ist im Vergleich zum Ticketkauf (2 Euro).

c) Bußgeld: $\dfrac{2{,}00}{0{,}02} = 100$

Das Bußgeld müsste in diesem Fall 100 Euro betragen.

d) Erwartungswert „Schwarzfahren": $40 \cdot 0{,}5 = 2{,}00$ Euro

Ein risikoneutraler Bahnfahrer wäre indifferent zwischen der Entscheidung „Schwarzfahren" und „Ticket kaufen". Die meisten Individuen handeln jedoch risikoavers, so dass sie das Sicherheitsäquivalent, in diesem Fall „Ticket kaufen", dem unsicheren Ereignis vorziehen würden.

6.3.2   Behandlung versus Abwarten

a) Entscheidungsbaum:

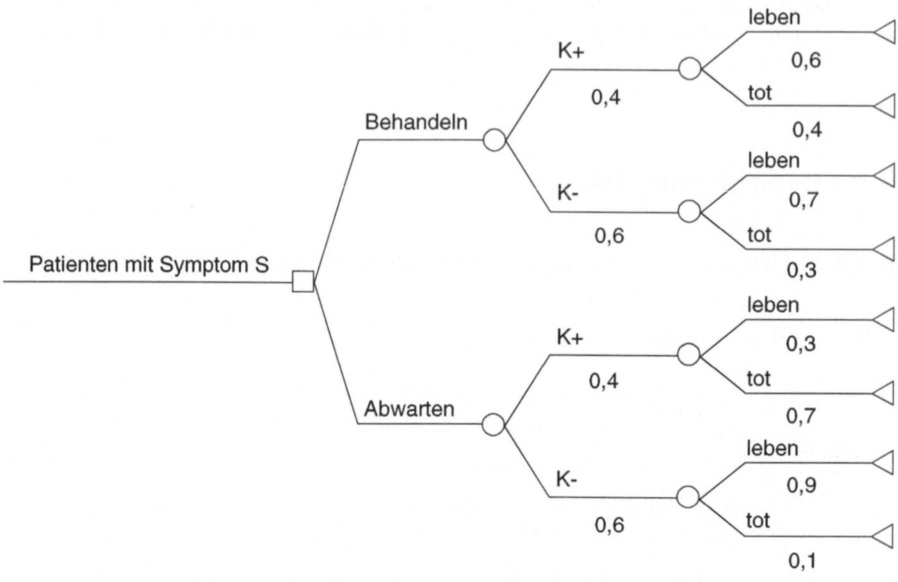

b) Durch Ausmultiplizieren der Äste (alternativ: „Zurückfalten") kann die Effektivität der Strategien berechnet werden.

Strategie „Behandeln"	Strategie „Abwarten"
$0,4 \cdot 0,6 \cdot 1 = 0,24$	$0,4 \cdot 0,3 \cdot 1 = 0,12$
$0,4 \cdot 0,4 \cdot 0 = 0$	$0,4 \cdot 0,7 \cdot 0 = 0$
$0,6 \cdot 0,7 \cdot 1 = 0,48$	$0,6 \cdot 0,9 \cdot 1 = 0,54$
$0,6 \cdot 0,3 \cdot 0 = 0$	$0,6 \cdot 0,1 \cdot 0 = 0$
Summe: 0,66	Summe: 0,66

Beide Strategien haben einen Erwartungswert bzw. eine Effektivität von 0,66. Ein rationaler Entscheider wäre dementsprechend indifferent zwischen den Strategien „Behandeln" und „Abwarten".

c)

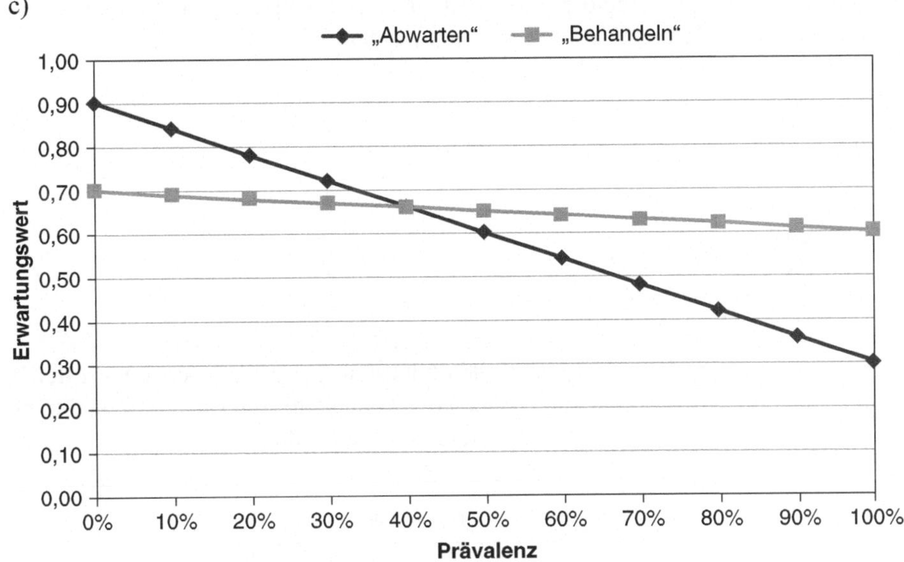

Anhand der Graphik wird deutlich, dass bei einer Prävalenz von 40 % die Effektivität beider Strategien gleich ist. Bei einer höheren Prävalenz erlangt die Strategie „Behandeln" im Erwartungswert eine höhere Effektivität.

6.3.3 Der Perfekte Test

a) Entscheidungsbaum

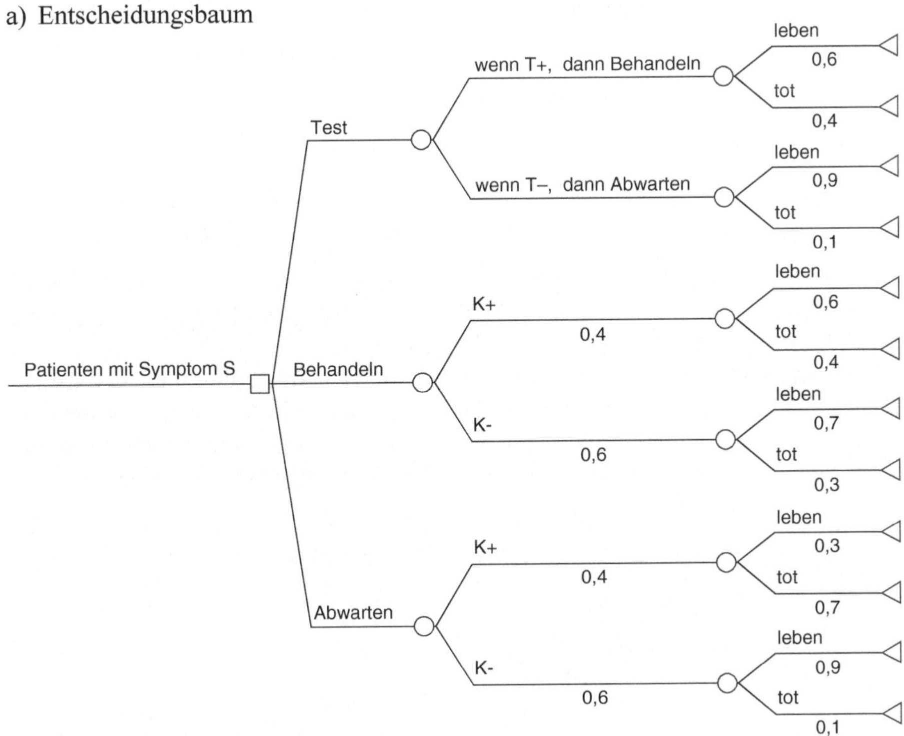

b) Durch Ausmultiplizieren der Äste (alternativ: „Zurückfalten") kann die Effektivität der neuen Strategie „test" berechnet werden.

Strategie „Test"

$0,4 \cdot 0,6 \cdot 1 = 0,24$

$0,4 \cdot 0,4 \cdot 0 = 0$

$0,6 \cdot 0,9 \cdot 1 = 0,54$

$0,6 \cdot 0,1 \cdot 0 = 0$

Summe: 0,78

Die Strategie „Test" hat mit den 0,78 den höchsten Erwartungswert im Vergleich zu den anderen beiden Strategien. Dementsprechend sollte zunächst ein Test durchgeführt werden, bevor ggf. eine Behandlung erfolgen sollte.

c)

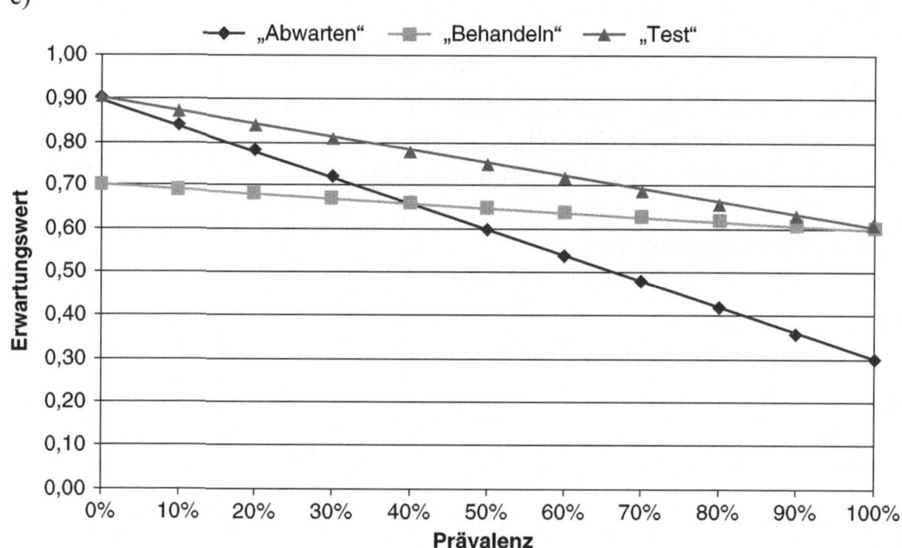

An der Graphik wird deutlich, dass die Strategie „Test" unabhängig von der Höhe der Prävalenz die dominante Strategie darstellt.

Szenarien, in denen die Prävalenz 0 bzw. 100 % beträgt, sind hingegen trivial. Tests sind in diesen Fällen nicht mehr nötig. Der erste Fall würde bedeuten, dass bei Auftreten des Symptoms S die Krankheit K nicht ausbricht und dementsprechend keine Behandlung erforderlich ist. Falls die Prävalenz hingegen 100 % beträgt, dann würde dies bedeuten, dass das Symptom S ein sicherer Vorbote für die Krankheit K ist. Dementsprechend sollte sofort mit der Behandlung begonnen werden.

6.3.4 Fruchtwasseruntersuchung

a) Entscheidungsbaum:

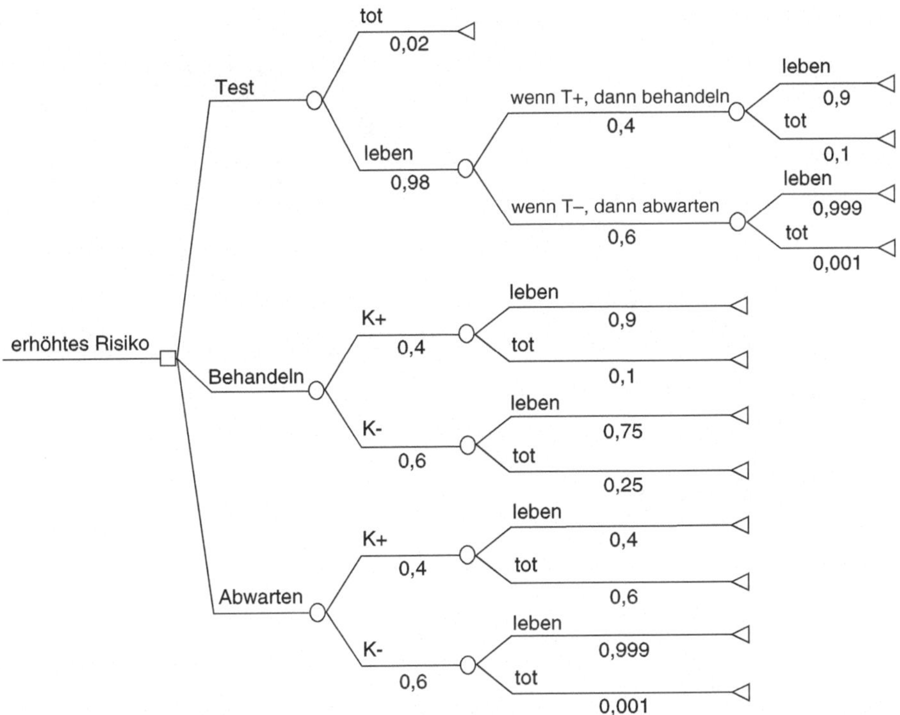

b) Durch Ausmultiplizieren der Äste (alternativ: „Zurückfalten") kann die erwartete Effektivität der Strategien berechnet werden.

Strategie „Behandeln"	Strategie „Abwarten"	Strategie „Test"
$0,4 \cdot 0,9 \cdot 1 = 0,36$	$0,4 \cdot 0,4 \cdot 1 = 0,16$	$0,02 \cdot 0 = 0$
$0,4 \cdot 0,1 \cdot 0 = 0$	$0,4 \cdot 0,6 \cdot 0 = 0$	$0,98 \cdot 0,4 \cdot 0,9 \cdot 1 = 0,3528$
$0,6 \cdot 0,75 \cdot 1 = 0,45$	$0,6 \cdot 0,999 \cdot 1 = 0,5994$	$0,98 \cdot 0,4 \cdot 0,1 \cdot 0 = 0$
$0,6 \cdot 0,25 \cdot 0 = 0$	$0,6 \cdot 0,001 \cdot 0 = 0$	$0,98 \cdot 0,6 \cdot 0,999 \cdot 1 = 0,5874$
Summe: 0,81	Summe: 0,7594	$0,98 \cdot 0,6 \cdot 0,001 \cdot 0 = 0$
		Summe: 0,9402

Die erwartete Effektivität der Strategie „Test" ergibt 0,94, von „Behandeln" 0,81 und von „Abwarten" 0,76. Die Fruchtwasseruntersuchung, also den Test, durchzuführen ist den Annahmen zufolge mit dem geringsten Risiko verbunden.

c) $0,81 = (1-x) \, ((0,4 \cdot 0,9) + (0,6 \cdot 0,999))$
   Die Letalität müsste $x = 0,1557$ (15,57%) betragen.
d) neuer Entscheidungsbaum:

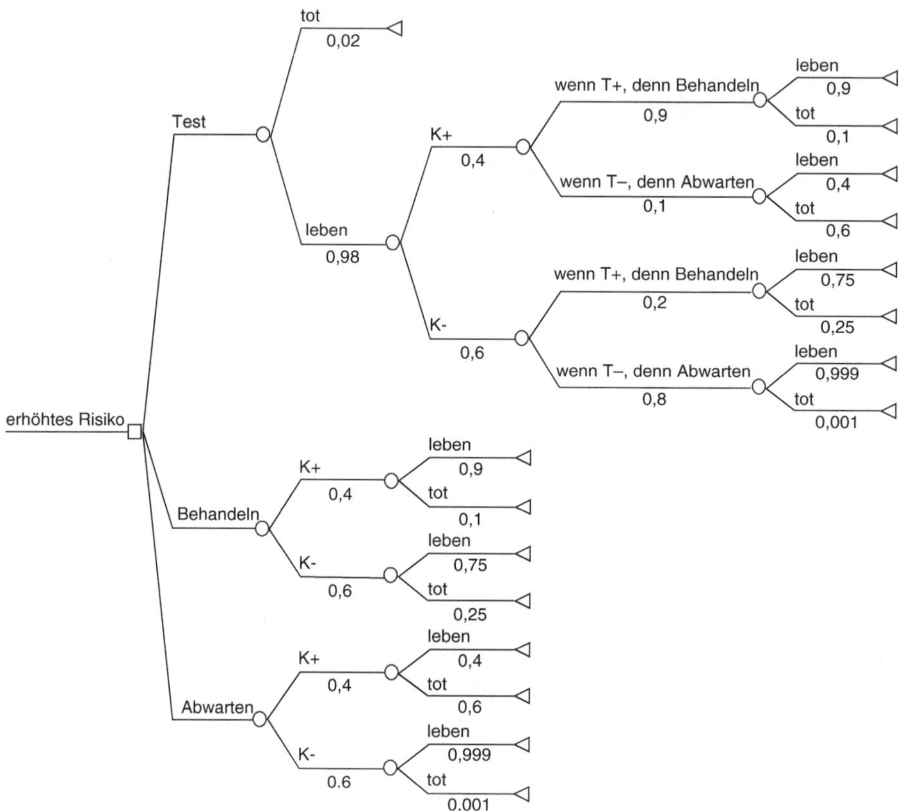

Strategie „Test"	
$0,02 \cdot 0 = 0$	$0,98 \cdot 0,6 \cdot 0,8 \cdot 0,999 \cdot 1 = 0,47$
$0,98 \cdot 0,4 \cdot 0,9 \cdot 0,9 \cdot 1 = 0,31752$	$0,98 \cdot 0,6 \cdot 0,8 \cdot 0,001 \cdot 0 = 0$
$0,98 \cdot 0,4 \cdot 0,9 \cdot 0,1 \cdot 0 = 0$	$0,98 \cdot 0,6 \cdot 0,2 \cdot 0,75 \cdot 1 = 0,0882$
$0,98 \cdot 0,4 \cdot 0,1 \cdot 0,4 \cdot 1 = 0,01568$	$0,98 \cdot 0,6 \cdot 0,2 \cdot 0,25 \cdot 0 = 0$
$0,98 \cdot 0,4 \cdot 0,1 \cdot 0,6 \cdot 0 = 0$	Summe: 0,8914

Den neuen Annahmen zufolge beläuft sich die erwartete Effektivität der Strategie „Test" auf 0,89. Da der Wert jedoch höher als bei den anderen beiden Alternativen ist, ist weiterhin die Strategie „Test" mit dem geringsten Risiko verbunden.

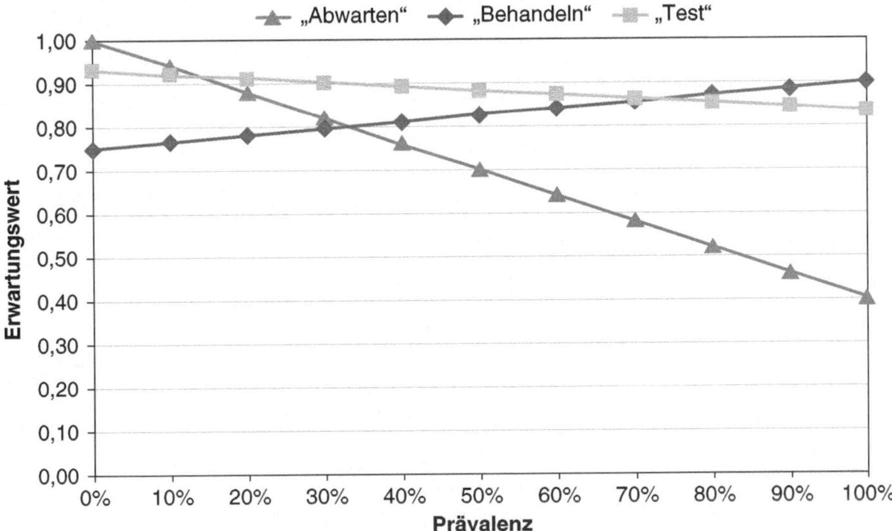

Unter einer Prävalenz von ca. 14 % ist die Strategie „Abwarten" zu empfehlen, ab einer Prävalenz von ca. 73 % sollte sofort eine Behandlung erfolgen. Zwischen diesen Werten hat die Strategie „Test" den höchsten Erwartungswert.

6.3.5　Streptokokken

a) Entscheidungsbaum:

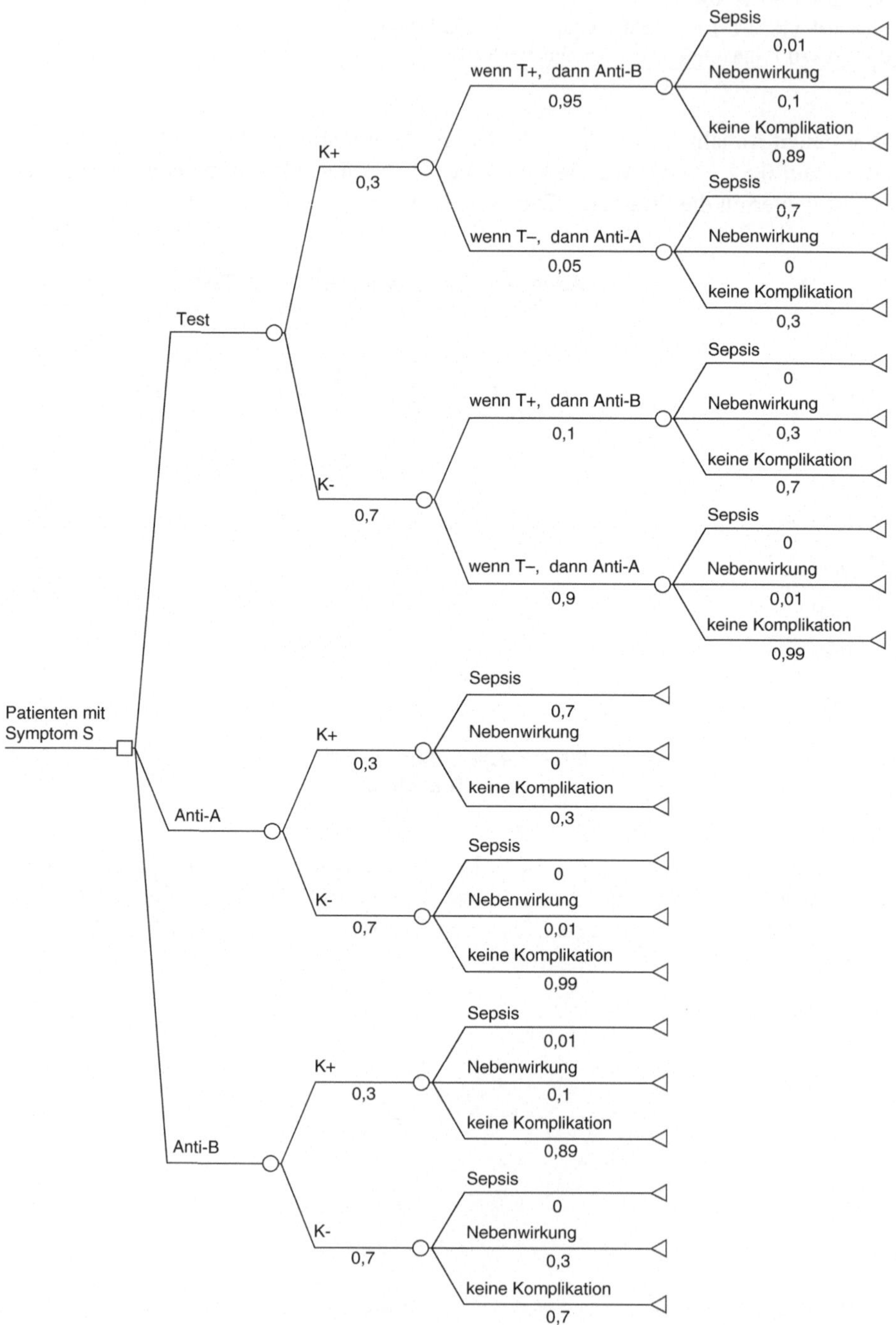

b)

Strategie „Anti-A"	Strategie „Anti-B"
$0,3 \cdot 0,7 \cdot 0,4 = 0,084$	$0,3 \cdot 0,01 \cdot 0,4 = 0,0012$
$0,3 \cdot 0 \cdot 0,8 = 0$	$0,3 \cdot 0,1 \cdot 0,8 = 0,024$
$0,3 \cdot 0,3 \cdot 0,9 = 0,081$	$0,3 \cdot 0,89 \cdot 0,9 = 0,2403$
$0,7 \cdot 0 \cdot 0,4 = 0$	$0,7 \cdot 0 \cdot 0,4 = 0$
$0,7 \cdot 0,01 \cdot 0,8 = 0,0056$	$0,7 \cdot 0,3 \cdot 0,8 = 0,168$
$0,7 \cdot 0,99 \cdot 0,9 = 0,6237$	$0,7 \cdot 0,7 \cdot 0,9 = 0,441$
Summe: 0,7943	Summe: 0,8745

Strategie „Test"	
$0,3 \cdot 0,95 \cdot 0,01 \cdot 0,4 = 0,00114$	$0,7 \cdot 0,1 \cdot 0 \cdot 0,4 = 0$
$0,3 \cdot 0,95 \cdot 0,1 \cdot 0,8 = 0,0228$	$0,7 \cdot 0,1 \cdot 0,3 \cdot 0,8 = 0,0168$
$0,3 \cdot 0,95 \cdot 0,89 \cdot 0,9 = 0,228285$	$0,7 \cdot 0,1 \cdot 0,7 \cdot 0,9 = 0,0441$
$0,3 \cdot 0,05 \cdot 0,7 \cdot 0,4 = 0,0042$	$0,7 \cdot 0,9 \cdot 0 \cdot 0,4 = 0$
$0,3 \cdot 0,05 \cdot 0 \cdot 0,8 = 0$	$0,7 \cdot 0,9 \cdot 0,01 \cdot 0,8 = 0,00504$
$0,3 \cdot 0,05 \cdot 0,3 \cdot 0,9 = 0,00405$	$0,7 \cdot 0,9 \cdot 0,99 \cdot 0,9 = 0,56133$
Summe: 0,887745	

Die erwartete Effektivität der Strategie „Test" ist mit 0,8877 am höchsten („Anti-B": 0,8745; „Anti-A": 0,7943)

c) Der positive prädiktive Wert ($p(K+ \mid T+)$) ist definiert als die Wahrscheinlichkeit krank zu sein, gegeben der Test ist positiv. Die Sensitivität ist hingegen definiert als die Wahrscheinlichkeit, dass der Test positiv ausfällt, gegeben der Proband ist krank. Gleiches gilt für den negativen prädiktiven Wert sowie für die Spezifität. Dementsprechend muss bei Vorgabe des positiven und negativen prädiktiven Wertes im Entscheidungsbaum zunächst getrennt werden nach „T+" und „T−" und danach nach „K+" und „K−". Bei dieser Vorgehensweise muss demnach auch $p(T+)$ und $p(T−)$ bekannt sein.

Alternativ kann der positive bzw. negative prädiktive Wert in Sensitivität bzw. Spezifität umgerechnet werden (siehe epidemiologischer Teil dieses Übungsbuches).

6.3.6 Osteoporose

a)

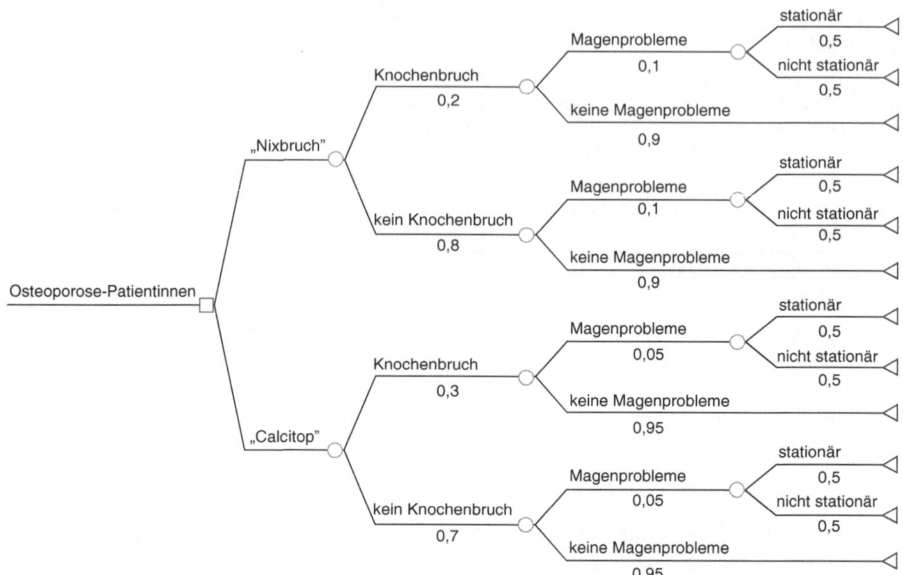

b) Durch Ausmultiplizieren der Äste (alternativ: „Zurückfalten") kann die erwartete Effektivität der Strategien berechnet werden.

Strategie „Nixbruch"	Strategie „Calcitop"
$0{,}2 \cdot 0{,}1 \cdot 0{,}5 \cdot 0{,}5 = 0{,}005$	$0{,}3 \cdot 0{,}05 \cdot 0{,}5 \cdot 0{,}5 = 0{,}00375$
$0{,}2 \cdot 0{,}1 \cdot 0{,}5 \cdot 0{,}6 = 0{,}006$	$0{,}3 \cdot 0{,}05 \cdot 0{,}5 \cdot 0{,}6 = 0{,}0045$
$0{,}2 \cdot 0{,}9 \cdot 0{,}75 = 0{,}135$	$0{,}3 \cdot 0{,}95 \cdot 0{,}75 = 0{,}21375$
$0{,}8 \cdot 0{,}1 \cdot 0{,}5 \cdot 0{,}7 = 0{,}028$	$0{,}7 \cdot 0{,}05 \cdot 0{,}5 \cdot 0{,}7 = 0{,}01225$
$0{,}8 \cdot 0{,}1 \cdot 0{,}5 \cdot 0{,}8 = 0{,}032$	$0{,}7 \cdot 0{,}05 \cdot 0{,}5 \cdot 0{,}8 = 0{,}014$
$0{,}8 \cdot 0{,}9 \cdot 0{,}9 = 0{,}648$	$0{,}7 \cdot 0{,}95 \cdot 0{,}9 = 0{,}5985$
Summe: 0,854	Summe: 0,84675

Die erwartete Effektivität von „Nixbruch" entspricht 0,854 und die des Standardpräparates 0,84675.

c) Durch Ausmultiplizieren der Äste (alternativ: „Zurückfalten") können die erwarteten Kosten der Strategien berechnet werden.

Strategie „Nixbruch"	Strategie „Calcitop"
$0{,}2\cdot0{,}1\cdot0{,}5\cdot5.100=51{,}00$ Euro	$0{,}3\cdot0{,}05\cdot0{,}5\cdot4.500=33{,}75$ Euro
$0{,}2\cdot0{,}1\cdot0{,}5\cdot3.400=34{,}00$ Euro	$0{,}3\cdot0{,}05\cdot0{,}5\cdot2.800=21{,}00$ Euro
$0{,}2\cdot0{,}9\cdot3.100=558{,}00$ Euro	$0{,}3\cdot0{,}95\cdot2.500=712{,}50$ Euro
$0{,}8\cdot0{,}1\cdot0{,}5\cdot3.600=144{,}00$ Euro	$0{,}7\cdot0{,}05\cdot0{,}5\cdot3.000=52{,}50$ Euro
$0{,}8\cdot0{,}1\cdot0{,}5\cdot1.900=76{,}00$ Euro	$0{,}7\cdot0{,}05\cdot0{,}5\cdot1.300=22{,}75$ Euro
$0{,}8\cdot0{,}9\cdot1.600=1.152{,}00$ Euro	$0{,}7\cdot0{,}95\cdot1.000=665{,}00$ Euro
Summe: 2.015 Euro	Summe: 1.507,50 Euro

Die erwarteten Kosten von „Nixbruch" entsprechen 2.015 Euro und die des Standardpräparates 1.507,50 Euro.

d) $\text{ICER} = \dfrac{2.015 - 1.507,50}{0,854 - 0,84675} = 70.000$ Euro pro QALY

Aus den vorherigen Ergebnissen ergibt sich eine inkrementelle Kosteneffektivität von 70.000 Euro pro QALY.

6.3.7 Organtransplantation

a) Entscheidungsbaum:

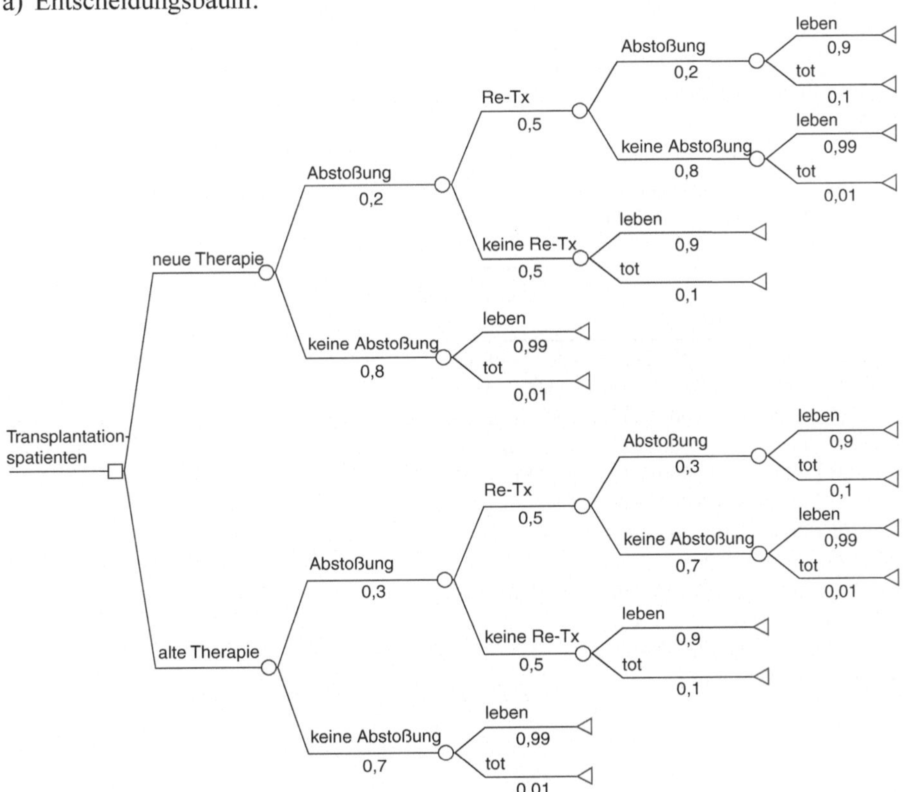

b) Durch Ausmultiplizieren der Äste (alternativ: „Zurückfalten") kann die Effektivität der Strategien berechnet werden.

Strategie „Neue Therapie"	Strategie „Alte Therapie"
$0,2 \cdot 0,5 \cdot 0,2 \cdot 0,9 \cdot 1 = 0,018$	$0,3 \cdot 0,5 \cdot 0,3 \cdot 0,9 \cdot 1 = 0,0405$
$0,2 \cdot 0,5 \cdot 0,2 \cdot 0,1 \cdot 0 = 0$	$0,3 \cdot 0,5 \cdot 0,3 \cdot 0,1 \cdot 0 = 0$
$0,2 \cdot 0,5 \cdot 0,8 \cdot 0,99 \cdot 1 = 0,0792$	$0,3 \cdot 0,5 \cdot 0,7 \cdot 0,99 \cdot 1 = 0,10395$
$0,2 \cdot 0,5 \cdot 0,8 \cdot 0,01 \cdot 0 = 0$	$0,3 \cdot 0,5 \cdot 0,7 \cdot 0,01 \cdot 0 = 0$
$0,2 \cdot 0,5 \cdot 0,9 \cdot 1 = 0,09$	$0,3 \cdot 0,5 \cdot 0,9 \cdot 1 = 0,135$
$0,2 \cdot 0,5 \cdot 0,1 \cdot 0 = 0$	$0,3 \cdot 0,5 \cdot 0,1 \cdot 0 = 0$
$0,8 \cdot 0,99 \cdot 1 = 0,792$	$0,7 \cdot 0,99 \cdot 1 = 0,693$
$0,8 \cdot 0,01 \cdot 0 = 0$	$0,7 \cdot 0,01 \cdot 0 = 0$
Summe: 0,9792	Summe: 0,97245

Die Effektivität der neuen Methode entspricht 0,9792 und die der bisherigen Methode 0,97245.

c) Durch Multiplikation der Wahrscheinlichkeiten je Ast mit den anfallenden Kosten und Addition der Ergebnisse, können die erwarteten Gesamtkosten einer Behandlungsalternative errechnet werden.

Strategie „Neue Therapie"
$0,018\ (40.000 + 100.000 + 20.000) = 2.880$ Euro
$0,002\ (40.000 + 100.000 + 20.000 + 10.000) = 340$ Euro
$0,0792\ (40.000 + 100.000) = 11.088$ Euro
$0,0008\ (40.000 + 100.000 + 10.000) = 120$ Euro
$0,09\ (40.000 + 20.000) = 5.400$ Euro
$0,01\ (40.000 + 20.000 + 10.000) = 700$ Euro
$0,792\ (40.000) = 31.680$ Euro
$0,008\ (40.000 + 10.000) = 400$ Euro
Summe: 52.608 Euro

Strategie „Alte Therapie"
$0,0405\ (30.000 + 100.000 + 20.000) = 6.075$ Euro
$0,0045\ (30.000 + 100.000 + 20.000 + 10.000) = 720$ Euro
$0,10395\ (30.000 + 100.000) = 13.513,50$ Euro
$0,10395\ (30.000 + 100.000) = 13.513,50$ Euro
$0,10395\ (30.000 + 100.000) = 13.513,50$ Euro
$0,10395\ (30.000 + 100.000) = 13.513,50$ Euro
$0,00105\ (30.000 + 100.000 + 10.000) = 147$ Euro
$0,135\ (30.000 + 20.000) = 6.750$ Euro
$0,015\ (30.000 + 20.000 + 10.000) = 900$ Euro
$0,693\ (30.000) = 20.790$ Euro
$0,007\ (30.000 + 10.000) = 280$ Euro
Summe: 49.175,50 Euro

Die erwarteten Gesamtkosten der neuen Therapie betragen damit 52.608 Euro und die der bisherigen Therapie 49.175,50 Euro.

$$\text{d) ICER} = \frac{52.608 - 49.175,50}{0,9792 - 0,97245} = 508.518,52 \text{ Euro pro gerettetes Leben}$$

Aus den vorherigen Ergebnissen ergibt sich eine inkrementelle Kosteneffektivität von 508.518,52 Euro pro gerettetes Leben.

6.4 Markov-Modelle

6.4.1 Akute Erkrankung

a)

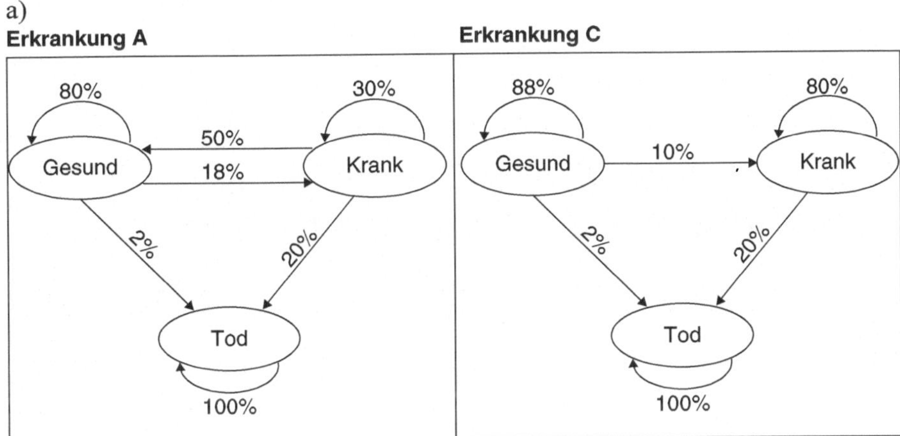

b)

	Erkrankung A				Erkrankung C		
t	Gesund	Krank	Tod	t	Gesund	Krank	Tod
0	1.000,00	0,00	0,00	0	1.000,00	0,00	0,00
1	800,00	180,00	20,00	1	880,00	100,00	20,00
2	730,00	198,00	72,00	2	774,40	168,00	57,60
3	683,00	190,80	126,20	3	681,47	211,84	106,69
4	641,80	180,18	178,02	4	599,69	237,62	162,69
5	603,53	169,58	226,89	5	527,73	250,07	222,21

Erkrankung A: Von der ursprünglichen Kohorte sind zum Zeitpunkt t=5 ca. 603 Patienten gesund, 170 krank und bereits 227 gestorben.

Erkrankung C: Von der ursprünglichen Kohorte sind zum Zeitpunkt t=5 ca. 528 Patienten gesund, 250 krank und bereits 222 gestorben.

6.4.2 Chemotherapie

a)

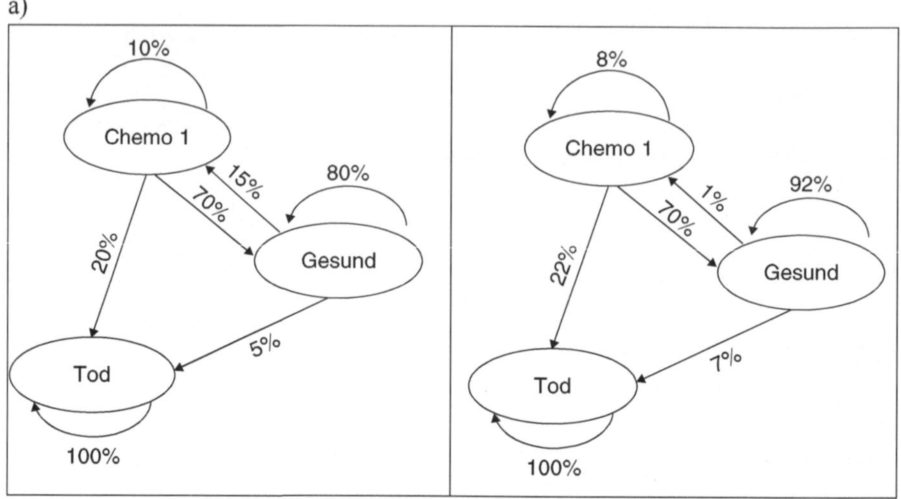

b)

t	Chemo 1			Chemo 2		
	Gesund	**Chemo**	**Tod**	**Gesund**	**Chemo**	**Tod**
0	0,00	900,00	100,00	0,00	900,00	100,00
1	630,00	90,00	280,00	630,00	72,00	298,00
2	567,00	103,50	329,50	630,00	12,06	357,94
3	526,05	95,40	378,55	588,04	7,26	404,69

Nach drei Perioden sind 379 der „Chemo 1"-Patienten und 405 der „Chemo 2"-Patienten gestorben. Vor dem Hintergrund der Todesfallminimierung raten Sie dem Arzt, „Chemo 1" durchzuführen.

c)

Chemo 1		Chemo 1	
t	Summe LQ	kumuliert	Summe LQ diskontiert	Summe kumuliert
0	360,00	360,00	360,00	360,00
1	666,00	1.026,00	634,29	994,29
2	608,40	1.634,40	551,84	1.546,13
3	564,21	2.198,61	487,39	2.033,52

Chemo 2		Chemo 2	
t	Summe LQ	kumuliert	Summe LQ diskontiert	Summe kumuliert
0	540,00	540,00	540,00	540,00
1	673,20	1.213,20	641,14	1.181,14
2	637,24	1.850,44	578,00	1.759,14
3	592,40	2.442,84	511,74	2.270,88

Wenn der Arzt hingegen die Lebensqualität der Patienten erhöhen will, sollte er gemäß der Annahmen „Chemo 2" wählen.

6.4.3 „Pocky"

a)

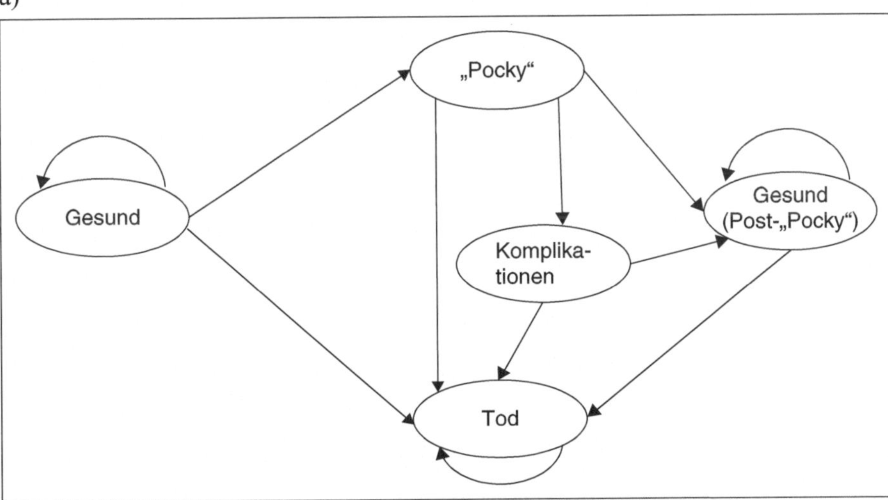

b)

	Gesund	„Pocky"	Gesund Post- „Pocky"	Komplika- tionen	Tod
t=0	100.000,00	0,00	0,00	0,00	0,00
t=1	94.572,85	5.000,00	0,00	0,00	427,15
t=2	85.081,51	9.457,29	4.748,20	250,00	463,00
t=3	76.557,83	8.508,15	14.049,61	378,29	506,12
t=4	65.061,16	11.483,67	22.554,07	340,33	560,77
t=5	55.292,33	9.759,17	33.879,64	459,35	609,51
t=6	49.755,82	5.529,23	43.656,11	390,37	668,47
t=7	44.774,75	4.975,58	49.310,08	221,17	718,41
t=8	40.292,59	4.477,48	54.280,01	199,02	750,89
t=9	36.258,82	4.029,26	58.750,93	179,10	781,89
t=10	32.629,36	3.625,88	62.774,01	161,17	809,58
		66.845,71			

Von den 100.000 Kindern sind bis zum Zeitpunkt t=10 ungefähr 66.846 Kinder an „Pocky" erkrankt.

c) Insgesamt sterben bis zum Zeitpunkt t=10 810 Kinder, davon sind ungefähr 242 an den indirekten Folgen der „Pocky"-Erkrankung (Komplikationen) gestorben.

Anhang A

z-Tabelle

$\phi(z) = P(Z \le z); \; \phi(-z) = 1 - \phi(z)$

z	0,00	0,01	0,02	0,03	0,04	0,05	0,06	0,07	0,08	0,09
0,0	0,5000	0,5040	0,5080	0,5120	0,5160	0,5199	0,5239	0,5279	0,5319	0,5359
0,1	0,5398	0,5438	0,5478	0,5517	0,5557	0,5596	0,5636	0,5675	0,5714	0,5753
0,2	0,5793	0,5832	0,5871	0,5910	0,5948	0,5987	0,6026	0,6064	0,6103	0,6141
0,3	0,6179	0,6217	0,6255	0,6293	0,6331	0,6368	0,6406	0,6443	0,6480	0,6517
0,4	0,6554	0,6591	0,6628	0,6664	0,6700	0,6736	0,6772	0,6808	0,6844	0,6879
0,5	0,6915	0,6950	0,6985	0,7019	0,7054	0,7088	0,7123	0,7157	0,7190	0,7224
0,6	0,7257	0,7291	0,7324	0,7357	0,7389	0,7422	0,7454	0,7486	0,7517	0,7549
0,7	0,7580	0,7611	0,7642	0,7673	0,7704	0,7734	0,7764	0,7794	0,7823	0,7852
0,8	0,7881	0,7910	0,7939	0,7967	0,7995	0,8023	0,8051	0,8078	0,8106	0,8133
0,9	0,8159	0,8186	0,8212	0,8238	0,8264	0,8289	0,8315	0,8340	0,8365	0,8389
1,0	0,8413	0,8438	0,8461	0,8485	0,8508	0,8531	0,8554	0,8577	0,8599	0,8621
1,1	0,8643	0,8665	0,8686	0,8708	0,8729	0,8749	0,8770	0,8790	0,8810	0,8830
1,2	0,8849	0,8869	0,8888	0,8907	0,8925	0,8944	0,8962	0,8980	0,8997	0,9015
1,3	0,9032	0,9049	0,9066	0,9082	0,9099	0,9115	0,9131	0,9147	0,9162	0,9177
1,4	0,9192	0,9207	0,9222	0,9236	0,9251	0,9265	0,9279	0,9292	0,9306	0,9319
1,5	0,9332	0,9345	0,9357	0,9370	0,9382	0,9394	0,9406	0,9418	0,9429	0,9441
1,6	0,9452	0,9463	0,9474	0,9484	0,9495	0,9505	0,9515	0,9525	0,9535	0,9545
1,7	0,9554	0,9564	0,9573	0,9582	0,9591	0,9599	0,9608	0,9616	0,9625	0,9633
1,8	0,9641	0,9649	0,9656	0,9664	0,9671	0,9678	0,9686	0,9693	0,9699	0,9706
1,9	0,9713	0,9719	0,9726	0,9732	0,9738	0,9744	0,9750	0,9756	0,9761	0,9767
2,0	0,9772	0,9778	0,9783	0,9788	0,9793	0,9798	0,9803	0,9808	0,9812	0,9817
2,1	0,9821	0,9826	0,9830	0,9834	0,9838	0,9842	0,9846	0,9850	0,9854	0,9857
2,2	0,9861	0,9864	0,9868	0,9871	0,9875	0,9878	0,9881	0,9884	0,9887	0,9890
2,3	0,9893	0,9896	0,9898	0,9901	0,9904	0,9906	0,9909	0,9911	0,9913	0,9916
2,4	0,9918	0,9920	0,9922	0,9925	0,9927	0,9929	0,9931	0,9932	0,9934	0,9936
2,5	0,9938	0,9940	0,9941	0,9943	0,9945	0,9946	0,9948	0,9949	0,9951	0,9952
2,6	0,9953	0,9955	0,9956	0,9957	0,9959	0,9960	0,9961	0,9962	0,9963	0,9964
2,7	0,9965	0,9966	0,9967	0,9968	0,9969	0,9970	0,9971	0,9972	0,9973	0,9974
2,8	0,9974	0,9975	0,9976	0,9977	0,9977	0,9978	0,9979	0,9979	0,9980	0,9981
2,9	0,9981	0,9982	0,9983	0,9983	0,9984	0,9984	0,9985	0,9985	0,9986	0,9986
3,0	0,9987	0,9987	0,9987	0,9988	0,9988	0,9989	0,9989	0,9989	0,9990	0,9990

A. Prenzler et al., *Übungen zu Public Health und Gesundheitsökonomie,*
DOI 10.1007/978-3-642-13505-7, © Springer-Verlag Berlin Heidelberg 2010

t-Tabelle

Quantile $t_{df,\,1-\alpha}$ der t-Verteilung (df = Anzahl der Freiheitsgrade)

df \ 1-α	0,75	0,9	0,95	0,975	0,99	0,995
1	1,00	3,08	6,31	12,71	31,82	63,66
2	0,82	1,89	2,92	4,30	6,97	9,92
3	0,76	1,64	2,35	3,18	4,54	5,84
4	0,74	1,53	2,13	2,78	3,75	4,60
5	0,73	1,48	2,01	2,57	3,37	4,03
6	0,72	1,44	1,94	2,45	3,14	3,71
7	0,71	1,41	1,89	2,36	3,00	3,50
8	0,71	1,40	1,86	2,31	2,90	3,36
9	0,70	1,38	1,83	2,26	2,82	3,25
10	0,70	1,37	1,81	2,23	2,76	3,17
11	0,70	1,36	1,80	2,20	2,72	3,11
12	0,70	1,36	1,78	2,18	2,68	3,05
13	0,69	1,35	1,77	2,16	2,65	3,01
14	0,69	1,34	1,76	2,14	2,62	2,98
15	0,69	1,34	1,75	2,13	2,60	2,95
16	0,69	1,34	1,75	2,12	2,58	2,92
17	0,69	1,33	1,74	2,11	2,57	2,90
18	0,69	1,33	1,73	2,10	2,55	2,88
19	0,69	1,33	1,73	2,09	2,54	2,86
20	0,69	1,33	1,73	2,09	2,53	2,85
21	0,69	1,32	1,72	2,08	2,52	2,83
22	0,69	1,32	1,72	2,07	2,51	2,82
23	0,69	1,32	1,71	2,07	2,50	2,81
24	0,68	1,32	1,71	2,06	2,49	2,80
25	0,68	1,32	1,71	2,06	2,49	2,79
26	0,68	1,32	1,71	2,06	2,48	2,78
27	0,68	1,31	1,70	2,05	2,47	2,77
28	0,68	1,31	1,70	2,05	2,47	2,76
29	0,68	1,31	1,70	2,05	2,46	2,76
30	0,68	1,31	1,70	2,04	2,46	2,75
31	0,68	1,31	1,70	2,04	2,45	2,74
32	0,68	1,31	1,69	2,04	2,45	2,74
33	0,68	1,31	1,69	2,03	2,44	2,73
34	0,68	1,31	1,69	2,03	2,44	2,73
35	0,68	1,31	1,69	2,03	2,44	2,72
36	0,68	1,31	1,69	2,03	2,43	2,72
38	0,68	1,30	1,69	2,02	2,43	2,71
40	0,68	1,30	1,68	2,02	2,42	2,70
50	0,68	1,30	1,68	2,01	2,40	2,68
100	0,68	1,29	1,66	1,98	2,36	2,63
150	0,68	1,29	1,66	1,98	2,35	2,61
200	0,68	1,29	1,65	1,97	2,35	2,60
300	0,68	1,28	1,65	1,97	2,34	2,59
500	0,68	1,28	1,65	1,97	2,33	2,59
1000	0,67	1,28	1,65	1,96	2,33	2,58
∞	0,67	1,28	1,64	1,96	2,33	2,58

Tabelle zur Poisson-Verteilung

Wahrscheinlichkeitsfunktion f(x) und Verteilungsfunktion F(x) der Poisson-Verteilung

x	$\mu = 0,1$ f(x)	F(x)	$\mu = 0,2$ f(x)	F(x)	$\mu = 0,3$ f(x)	F(x)	$\mu = 0,4$ f(x)	F(x)	$\mu = 0,5$ f(x)	F(x)
0	0,9048	0,9048	0,8187	0,8187	0,7408	0,7408	0,6703	0,6703	0,6065	0,6065
1	0,0905	0,9953	0,1637	0,9825	0,2222	0,9631	0,2681	0,9384	0,3033	0,9098
2	0,0045	0,9998	0,0164	0,9989	0,0333	0,9964	0,0536	0,9921	0,0758	0,9856
3	0,0002	1,0000	0,0011	0,9999	0,0033	0,9997	0,0072	0,9992	0,0126	0,9982
4	0,0000	1,0000	0,0001	1,0000	0,0003	1,0000	0,0007	0,9999	0,0016	0,9998
5							0,0001	1,0000	0,0002	1,0000

x	$\mu = 0,6$ f(x)	F(x)	$\mu = 0,7$ f(x)	F(x)	$\mu = 0,8$ f(x)	F(x)	$\mu = 0,9$ f(x)	F(x)	$\mu = 1$ f(x)	F(x)
0	0,5488	0,5488	0,4966	0,4966	0,4493	0,4493	0,4066	0,4066	0,3679	0,3679
1	0,3293	0,8781	0,3476	0,8442	0,3595	0,8088	0,3659	0,7725	0,3679	0,7358
2	0,0988	0,9769	0,1217	0,9659	0,1438	0,9526	0,1647	0,9371	0,1839	0,9197
3	0,0198	0,9966	0,0284	0,9942	0,0383	0,9909	0,0494	0,9865	0,0613	0,9810
4	0,0030	0,9996	0,0050	0,9992	0,0077	0,9986	0,0111	0,9977	0,0153	0,9963
5	0,0004	1,0000	0,0007	0,9999	0,0012	0,9998	0,0020	0,9997	0,0031	0,9994
6			0,0001	1,0000	0,0002	1,0000	0,0003	1,0000	0,0005	0,9999
7									0,0001	1,0000

x	$\mu = 1,5$ f(x)	F(x)	$\mu = 2$ f(x)	F(x)	$\mu = 3$ f(x)	F(x)	$\mu = 4$ f(x)	F(x)	$\mu = 5$ f(x)	F(x)
0	0,2231	0,2231	0,1353	0,1353	0,0498	0,0498	0,0183	0,0183	0,0067	0,0067
1	0,3347	0,5578	0,2707	0,4060	0,1494	0,1991	0,0733	0,0916	0,0337	0,0404
2	0,2510	0,8088	0,2707	0,6767	0,2240	0,4232	0,1465	0,2381	0,0842	0,1247
3	0,1255	0,9344	0,1804	0,8571	0,2240	0,6472	0,1954	0,4335	0,1404	0,2650
4	0,0471	0,9814	0,0902	0,9473	0,1680	0,8153	0,1954	0,6288	0,1755	0,4405
5	0,0141	0,9955	0,0361	0,9834	0,1008	0,9161	0,1563	0,7851	0,1755	0,6160
6	0,0035	0,9991	0,0120	0,9955	0,0504	0,9665	0,1042	0,8893	0,1462	0,7622
7	0,0008	0,9998	0,0034	0,9989	0,0216	0,9881	0,0595	0,9489	0,1044	0,8666
8	0,0001	1,0000	0,0009	0,9998	0,0081	0,9962	0,0298	0,9786	0,0653	0,9319
9			0,0002	1,0000	0,0027	0,9989	0,0132	0,9919	0,0363	0,9682
10					0,0008	0,9997	0,0053	0,9972	0,0181	0,9863
11					0,0002	0,9999	0,0019	0,9991	0,0082	0,9945
12					0,0001	1,0000	0,0006	0,9997	0,0034	0,9980
13							0,0002	0,9999	0,0013	0,9993
14							0,0001	1,0000	0,0005	0,9998
15									0,0002	0,9999
16									0,0000	1,0000